Katharina Pfeiffer

Reisen als Erkenntnis- und Entwicklungsprozess

Elio Vittorinis "Conversazione in Sicilia" und Michel Butors "La Modification"

Diplomica® Verlag GmbH

Pfeiffer, Katharina: Reisen als Erkenntnis- und Entwicklungsprozess: Elio Vittorinis
"Conversazione in Sicilia" und Michel Butors "La Modification".
Hamburg, Diplomica Verlag GmbH 2012

ISBN: 978-3-8428-8804-3
Druck: Diplomica® Verlag GmbH, Hamburg, 2012

Bibliografische Information der Deutschen Nationalbibliothek:
Die Deutsche Nationalbibliothek verzeichnet diese Publikation in der Deutschen
Nationalbibliografie; detaillierte bibliografische Daten sind im Internet über
http://dnb.d-nb.de abrufbar.

Die digitale Ausgabe (eBook-Ausgabe) dieses Titels trägt die ISBN 978-3-8428-3804-8
und kann über den Handel oder den Verlag bezogen werden.

Dieses Werk ist urheberrechtlich geschützt. Die dadurch begründeten Rechte,
insbesondere die der Übersetzung, des Nachdrucks, des Vortrags, der Entnahme von
Abbildungen und Tabellen, der Funksendung, der Mikroverfilmung oder der
Vervielfältigung auf anderen Wegen und der Speicherung in Datenverarbeitungsanlagen,
bleiben, auch bei nur auszugsweiser Verwertung, vorbehalten. Eine Vervielfältigung
dieses Werkes oder von Teilen dieses Werkes ist auch im Einzelfall nur in den Grenzen
der gesetzlichen Bestimmungen des Urheberrechtsgesetzes der Bundesrepublik
Deutschland in der jeweils geltenden Fassung zulässig. Sie ist grundsätzlich
vergütungspflichtig. Zuwiderhandlungen unterliegen den Strafbestimmungen des
Urheberrechtes.

Die Wiedergabe von Gebrauchsnamen, Handelsnamen, Warenbezeichnungen usw. in
diesem Werk berechtigt auch ohne besondere Kennzeichnung nicht zu der Annahme,
dass solche Namen im Sinne der Warenzeichen- und Markenschutz-Gesetzgebung als frei
zu betrachten wären und daher von jedermann benutzt werden dürften.

Die Informationen in diesem Werk wurden mit Sorgfalt erarbeitet. Dennoch können
Fehler nicht vollständig ausgeschlossen werden, und der Diplomica Verlag, die Autoren
oder Übersetzer übernehmen keine juristische Verantwortung oder irgendeine Haftung
für evtl. verbliebene fehlerhafte Angaben und deren Folgen.

© Diplomica Verlag GmbH
http://www.diplomica-verlag.de, Hamburg 2012
Printed in Germany

Inhalt

1 Einleitung — 5

2 Biographie und Inspiration der Autoren — 9

3 Die Reisen — 13
   3.1 „Conversazione in Sicilia" — 13
      3.1.1 Der Aufbruch — 13
      3.1.2 Die Mitreisenden — 16
      3.1.3 Der Aufenthalt in Neve — 20
   3.2 „La Modification" — 32
      3.2.1 Der Aufbruch — 33
      3.2.2 Die Mitreisenden — 34
      3.2.3 Paris-Rom: mehr als nur eine Bahnreise — 37
      3.2.4 Léon zwischen Paris und Rom bzw. Henriette und Cécile — 42
   3.3 Vergleichende Betrachtung — 48

4 Abstieg in die Unterwelt — 51
   4.1 Die Rezeption der „Aeneis" von Vergil in „La Modification" — 52
   4.2 Die Rezeption der „Divina Commedia" von Dante Alighieri — 57
      4.2.1 In „Conversazione in Sicilia" — 58
      4.2.2 In „La Modification" — 67
      4.2.3 Vergleichende Betrachtung — 70
   4.3 Elemente der ägyptischen Mythologie in „La Modification" — 71

5 Reise zum Ich und zum Buch — 75
   5.1 „Conversazione in Sicilia" — 75
      5.1.1 Silvestros Weg zu seiner neuen Persönlichkeit — 75
      5.1.2 Vittorinis Romankonzept — 78
   5.2 „La Modification" — 81
      5.2.1 Léons Weg zu seiner neuen Persönlichkeit — 81
      5.2.2 VOUS - Butors neue Erzählperspektive in „La Modification" — 86
   5.3 Vergleichende Betrachtung — 89

6 Schlussbetrachtung — 91

Literaturverzeichnis — 97

1 Einleitung

Reisen ist das beste Mittel zur Selbstbildung.
(K. J. Weber, Demokritos)

Seit das Reisen durch die Entwicklung einer entsprechenden Infrastruktur deutlich leichter wurde, hat sich eine eigene Kultur des Reisens herausgebildet. Besonders in der Aufklärung setzte sich der Gedanke durch, dass Reisen einen unschätzbaren Gewinn bringen kann, denn es lässt sich nicht auf „bloße, gewollte und ungewollte Mobilität"[1] reduzieren, sondern vermittelt praktische Erkenntnisse und führt zu einer Horizonterweiterung. Reisen impliziert immer die Überschreitung der Grenzen der eigenen Lebenswelt und leistet deshalb einen großen Beitrag zur Ausbildung neuer Wahrnehmungsmuster, denn dem Reisenden wird die Relativität der eigenen Wertvorstellungen bewusst gemacht.[2] Nicht außer Acht gelassen werden dürfen bei solchen Betrachtungen Motiv und Funktion der Reise, ihre Stellung in der Biographie des Reisenden und in welchem historischen Kontext sie erfolgt.

Mit der Ausweitung der Reisekultur nahm die literarische Verarbeitung des Reisens zu. In den Romanen *Conversazione in Sicilia* von Elio Vittorini und *La Modification* von Michel Butor nimmt das Reisethema einen zentralen Platz ein. Es beschränkt sich nicht nur auf die Fahrt als solche, sondern dient den Autoren als Vehikel, um dem Leser den Stand der inneren Entwicklung der Protagonisten darzulegen. Die Reflexion ihrer verschütteten beziehungsweise verdrängten Erinnerungen führt zu einem Prozess der Bewusstwerdung, der von beiden schriftlich in dem Buch festgehalten wird, das der Leser in Händen hält und das als greifbares Ergebnis am Ende der Reise steht.

Conversazione in Sicilia entstand ab September 1937 vor dem Hintergrund des Spanischen Bürgerkriegs. Vittorini wollte in diesem Werk die Situation Italiens un-

---

[1] Brenner, Peter J.: „Der Mythos des Reisens. Idee und Wirklichkeit der europäischen Reisekultur in der Frühen Neuzeit", in: Maurer, Michael (Hg.): *Neue Impulse der Reiseforschung*, Berlin: Akademie Verlag, 1999, S. 13.
[2] Vgl. Bödeker, Hans Erich / Bauerkämper, Arnd / Struck, Bernhard: „Einleitung: Reisen als kulturelle Praxis", in: Dies. (Hgg.): *Die Welt erfahren. Reisen als kulturelle Begegnung von 1780 bis heute*, Frankfurt: Campus, 2004, S. 9.

ter dem Faschismus beschreiben. Er veröffentlichte den Roman ab April 1938 in mehreren Folgen in der Zeitschrift „Letteratura".[3] 1941 erschien das Werk in Florenz bei Parenti in Buchform unter dem Titel der vorangestellten Erzählung *Nome e lagrime*. Wenige Monate später wurde *Conversazione in Sicilia* bei Bompiani in Mailand unter dem Originaltitel erneut aufgelegt.

Der Protagonist des Romans, Silvestro Ferrauto, Sohn eines Eisenbahners, hat im Alter von fünfzehn Jahren seine sizilianische Heimat verlassen und arbeitet seitdem in Mailand als Schriftsetzer. In der Adventszeit erhält er einen Brief seines Vaters, in dem dieser ihn auffordert, die Mutter zu ihrem Namenstag persönlich zu besuchen, anstatt ihr die obligatorische Glückwunschkarte zu senden. Silvestro schreibt dennoch eine Karte und will sie am Bahnhof in den Briefkasten werfen. In diesem Moment hört er in sich einen „piffero acuto" (CS 575)[4] und nimmt spontan den nächsten Zug nach Sizilien. Der Protagonist entfernt sich so aus dem von faschistischer Ideologie überschwemmten Norditalien und fährt in das archaische Sizilien.[5] In Neve, dem Dorf seiner Mutter, beginnt für Silvestro eine Reise in die eigene Vergangenheit und „un movimento verso la scoperta delle radici dell'umanità".[6] Durch zahlreiche Gespräche gelingt es ihm, sich aus der inneren Starre, in die er im Norden verfallen war, zu befreien und wieder zu leben.

Im zweiten zu analysierenden Roman *La Modification* von Michel Butor (1957 bei Minuit in Paris erschienen) entschließt sich Léon Delmont, Repräsentant der italienischen Schreibmaschinenfirma Scabelli, aus seinem monotonen Dasein in Paris auszubrechen und seine Frau Henriette, die ihn einengt, zu verlassen. In Rom möchte er seine verlorene Freiheit und Jugend durch und mit seiner Gelieb-

---

[3] Vgl. Potter, Joy Hambuechen: „An Ideological Substructure in *Conversazione in Sicilia*", in: *Italica* 1 (1975), S. 69: *Conversazione in Sicilia* erschien in *Letteratura* II (April 1938), S. 67-81; (Juli 1938), S. 81-100; (Oktober 1938), S. 23-37; *Letteratura* III (Januar 1939), S. 42-54; (April 1939), S. 97-109.

[4] CS = *Conversazione in Sicilia*, nach folgender Ausgabe wird im Text zitiert: Vittorini, Elio: „Conversazione in Sicilia", in: Corti, Maria (Hg.): *Le opere narrative*, Milano: Mondadori, 1974b.

[5] Edward Reichel merkt an, dass der früheste Widerstand gegen den sich seit 1922 in Italien verbreitenden Faschismus fern von den großen Metropolen entstand. Deshalb verwundert es nicht, wenn die Schauplätze des neorealistischen Romans eher auf Sizilien, in den Abruzzen oder in Piemont liegen als in Rom oder Mailand.
Vgl. Reichel, Edward: „Der Revolutionär, der Fremde und der Heimkehrer. Protagonisten des neorealistischen Romans in Italien", in: *Italienisch. Zeitschrift für italienische Sprache und Literatur* 19 (1988), S. 2.

[6] Sampietro, Luigi: „Appunti su Conversazione in Sicilia di Elio Vittorini", in: *Romances Notes* 19 (1979), S. 285.

ten Cécile Darcella wiederfinden: „[...] vous allez rejoindre votre liberté qui s'appelle Cécile [...]" (LM 52).[7] Um sie zu sich in die französische Hauptstadt zu holen, nimmt Léon den Nachtzug Paris–Rom. Auf der Fahrt überkommen ihn jedoch Zweifel, die zum tieferen Nachdenken über den Zweck der Reise und die eigene Person führen. Der Protagonist erkennt am Ende, dass er in erster Linie seine innere Einstellung ändern muss, um das ersehnte Lebensglück zu erreichen. Schließlich entscheidet er sich, zu seiner Ehefrau zurückzukehren.

Beide Romane wurden bisher noch nicht literaturwissenschaftlich miteinander verglichen, obwohl ihre Thematik – Reise zu einem neuen Bewusstsein – ähnlich ist. Das Interesse der Forschung an Vittorinis *Conversazione in Sicilia*, mit deren gesellschaftlich orientierter Thematik der Autor die Phase des italienischen Neorealismus einleitete, ist über die Zeit konstant geblieben.

Der Neorealismus ist keine organisierte literarische Schule, sondern eine politisch-moralische und ästhetische Strömung, die Mitte der dreißiger Jahre des zwanzigsten Jahrhunderts aus der Opposition gegen die faschistische Literatur heraus entstand und bis Mitte der fünfziger Jahre andauerte. Die Neorealisten widmeten sich einer sozial und politisch orientierten Thematik. Ihrer Meinung nach darf sich die Kunst nicht der Politik unterordnen.[8]

La Modification hingegen fand nur unmittelbar nach dem Erscheinen 1957 bis Ende der sechziger Jahre des zwanzigsten Jahrhunderts größere Beachtung, als der französische „Nouveau Roman" seine Blütezeit hatte. Erst Ende der achtziger Jahre rückten die Romane Butors wieder mehr in das Blickfeld der Literaturwissenschaftler, die bisher bevorzugt die Wirkung seiner neuen Erzählperspektive in der zweiten Person Plural untersuchten.

Als „Nouveaux Romanciers" wurden die Autoren bezeichnet, die sich ab 1955 um den für Literaturexperimente aufgeschlossenen Verleger Jérôme Lindon in seinem Verlagshaus „Minuit" gruppierten. Dazu gehörten neben Butor Nathalie Sarraute, Alain Robbe-Grillet und Claude Simon. Sie bildeten keine eigene literari-

---

[7] LM = *La Modification*, nach folgender Ausgabe wird im Text zitiert: Butor, Michel: *La Modification*, Paris: Minuit, 1957.
[8] Vgl. Schlumbohm, Dieter: „Der italienische Neorealismus", in: *Romanische Forschungen* 80 (1968), S. 521 ff.

sche Schule, waren sich aber darin einig, dass die sich verändernde Welt neue romaneske Ausdrucksformen verlangt. Den psychologischen Roman balzacscher Prägung fanden sie nicht mehr zeitgemäß. „Statt eine wie auch immer geartete Wirklichkeit ‚abzubilden' beziehungsweise ‚darzustellen', [verstanden] diese Erzähler den Roman mehr und mehr als Mittel, um die Art und Weise in Frage zu stellen, wie Menschen [die] Welt sehen."[9]

In der vorliegenden Studie werden die Reisen von Léon Delmont und Silvestro Ferrauto vom impulsgebenden Ereignis bis zum sichtbaren Resultat, dem zu schreibenden Buch, das der Leser in Händen hält, gegenübergestellt. Dabei soll herausgearbeitet werden, auf welchem Wege die Protagonisten zu einem neuen Bewusstsein gelangen. In der Analyse wird außerdem auf die mythologischen Elemente in beiden Romanen eingegangen. Der Schwerpunkt liegt dabei auf der Untersuchung der Bezüge von *La Modification* zur *Aeneis* von Vergil und zur ägyptischen Mythologie. Darüber hinaus sollen in *Conversazione in Sicilia* und in *La Modification* die intertextuellen Bezüge zu Dante Alighieris *Divina Commedia* vergleichend betrachtet werden.

---

[9] Ringger, Kurt: „Michel Butor", in: Lange, Wolf-Dieter (Hg.): *Französische Literatur des 20. Jahrhunderts. Gestalten und Tendenzen*, Bonn: Bouvier, 1986, S. 387.

2 Biographie und Inspiration der Autoren

Conversazione in Sicilia und *La Modification* wurden aus autobiographischer Inspiration geschrieben und widerspiegeln die Reisefreudigkeit ihrer Autoren, deren Kindheit stark von der Eisenbahn geprägt war.

Elio Vittorini wurde 1908 in Syrakus als ältester von vier Söhnen eines Eisenbahners geboren. Den größten Teil des Jahres lebte die Familie in kleinen Stationshäuschen an der Bahnstrecke. Später wurde der Vater Bahnhofsvorsteher in Drillo, einem Ort im Malariagebiet. Dadurch sah der junge Vittorini täglich das Leid der Hungernden und Malariakranken.[10] Als Dreizehnjähriger riss er das erste Mal mit den kostenlosen Fahrkarten des Vaters von zu Hause aus, um die Welt zu sehen. Drei Jahre später floh Vittorini erneut und gab die dem Vater zuliebe begonnenen technischen Studien auf. 1927 verließ er endgültig Sizilien, ließ sich in der Region Venezia Giulia nieder und verdiente seinen Lebensunterhalt als Buchhalter und Straßenbauer. Später zog Vittorini nach Florenz, arbeitete dort bei „La Nazione" als Lektor, bei „Solaria" als Redakteur und schrieb für die faschistische Florentiner Wochenzeitung „Bargello".[11] Vittorini wandte sich schon früh dem Faschismus zu. Die Gründe dafür stellt sein Freund Romano Bilenchi wie folgt dar:

> [...] invano ambedue avevamo sperato che il fascismo avrebbe potuto essere una rivoluzione antiborghese, una nuova forma di socialismo. Il 1933 scavò nelle nostre coscienze e fece nascere in noi dubbi pi[ù] forti, e timori.[12]

Anfangs glaubte Vittorini an die Realisierung seiner Ideen durch den Faschismus und feierte den Abessinienfeldzug als „revolutionären Krieg", doch schon bald kamen ihm Zweifel angesichts des Widerspruchs zwischen den Verheißungen und dem tatsächlichen Handeln des Regimes. Der Ausbruch des Spanischen Bürgerkrieges 1936/37, in dem das faschistische Italien General Franco unterstützte, führte zum endgültigen Bruch mit dem Faschismus.[13] Vittorini sympathisierte mit

---

[10] Vgl. Crovi, Raffaele: *Il lungo viaggio di Vittorini. Una biografia critica*, Venezia: Marsilio, 1998, S. 23 f.
[11] Vgl. Gronda, Giovanna (Hg.): *Per conoscere Vittorini*, Milano, 1979, S. 35 ff. und Zanobini, Falco: *Elio Vittorini. Introduzione e guida allo studio dell'opera vittoriana, Storia e Antologia della critica*, Firenze: Le Monnier, 1980, S. 18 f.
[12] Bilenchi, Romano: „Vittorini a Firenze", in: *Il Ponte* 7-8 (1973), S. 1087.
[13] Vgl. Lentzen, Manfred: „Elio Vittorini und der Spanische Bürgerkrieg. Bemerkungen zu einigen wiedergefundenen Texten", in: *Romanische Forschungen* 99 (1987), S. 207. Siehe dazu auch: Vittorini, Elio: „Vinti e vincitori", in: *Diario in Pubblico*, Milano: Bompiani, 1957, S. 211 f.

den spanischen Arbeitern, die als die „Roten" bezeichnet wurden, und schrieb unter dem Pseudonym Elio Abulfeda Artikel gegen Franco.[14] Während der Faschismus die Menschen erniedrigt und ihnen gegenüber nicht vor Gewalt zurückschreckt, wird es sein Ziel, „für die Errettung und Befreiung des ‚mondo offeso' durch Menschsein und mehr Menschlichkeit (‚más hombre') zu kämpfen".[15] Aus dem „más hombre" der spanischen Republikaner leitete Vittorini sein „più uomo" ab: „*Más hombre, io pensavo. Avevo creduto di distinguere queste due parole spagnole da quello ch'era la guerra di Spagna [...]*."[16] „Più uomo", die Stimme, die mehr Menschlichkeit fordert, ist eines der Schlagwörter in *Conversazione in Sicilia*.

Im Vergleich dazu ist *La Modification* weniger stark autobiographisch geprägt, dennoch gilt nach Butors eigener Aussage: „[...] la vie d'un écrivain fait intégralement partie de son œuvre. Elle n'est pas un élément marginal ou anecdotique."[17] Seine Kindheit wurde ebenfalls von der Eisenbahn beeinflusst, da sein Vater nach dem Ersten Weltkrieg in Mons-en-Baroeul in der Nähe von Lille in der Eisenbahnverwaltung angestellt war:

> D'abord, il y avait la promesse du voyage, puisque nous avions droit à une réduction de 90% sur le prix des billets : cette promesse, pour moi, était en même temps une frustration, car nous ne pouvions pas partir aussi souvent que je l'aurais souhaité. Mais il y avait autre chose qui me séduisait : la SNCF représentait à mes yeux un modèle idéal d'organisation sociale. Mon père était heureux dans son métier, il avait la certitude d'être le rouage d'une gigantesque machine extrêmement bien huilée, totalement harmonieuse, et il m'a transmis ce sentiment de façon forte : il voyait dans la SNCF la réalisation d'une utopie égalitaire, le contraire même du cynisme capitaliste. Il était très fier d'appartenir à ce grand service public, où chacun se respectait, et dont j'avais, moi, une image quasi mythique : parfaite synchronisation du temps et de l'espace [...][18]

Butor besuchte 1956 Rom, bevor er mit den Arbeiten an *La Modification* begann. Dieser Aufenthalt half ihm sehr beim Schreiben des Romans:

> Whenever Butor visits a city, or rather when he describes in one of his texts a visit he has made to that city, he often makes reference to the museums there. A passionate connoisseur of the arts, for him the museum and the other cultural institutions rank among the paramount features of the landscape. Since it is in museums that he spends much of his time

---

[14] Vgl. Bilenchi, 1973, S. 1094.
[15] Lentzen, Manfred: *Der spanische Bürgerkrieg und die Dichter. Beispiele des politischen Engagements in der Literatur*, Heidelberg: Winter, 1985, S. 153.
[16] Vittorini, Elio: „Prefazione alla prima edizione del ‚Garofano rosso'", in: Corti, Maria (Hg.): *Le opere narrative*, Milano: Mondadori, 1974a, S. 441, Hervorhebung im Original.
[17] Butor, Michel: *Curriculum vitae. Entretiens avec André Clavel*, Paris: Plon, 1996, S. 10.
[18] Ebd., S. 16.

> while visiting cities, his literary imagery is rich in references to these institutions, whether they be great or small.[19]

Sowohl Vittorini als auch Butor verwenden ihr autobiographisches Hintergrundwissen, um mit der Rahmenhandlung der Eisenbahnfahrt die zur Darstellung ihrer Botschaft notwendigen Wechsel von Personen, Situationen und Orten in ihren Romanen zwanglos zu begründen.

---

[19] Kolbert, Jack: „The image of the City in Michel Butor's Texts", in: *Kentucky Romance Quarterly* 32 (1985), S. 17.

3 Die Reisen

3.1 „Conversazione in Sicilia"

Die Reise wird für Silvestro eine Rückkehr in die Kindheit, als die Familie dem als Bahnhofsvorsteher arbeitenden Vater an seine Einsatzorte nachfolgte: „E io scesi a Siracusa, il posto dov'ero nato e di dove quindici anni prima ero partito, una mia stazione nella vita" (CS 596). Die Zugfahrt durchbricht so die Zeitgrenzen, die die Vergangenheit von der Gegenwart, das heißt, die Kindheit vom Erwachsenenalter trennen.[20]

3.1.1 Der Aufbruch

Vor der Reise ist Silvestro wie paralysiert. Sein Leben zieht an ihm vorbei, ohne dass er wirklich daran teilnimmt. Selbst die Abwechselungen des Alltags können ihn nicht aus seiner Lethargie befreien. Der Schriftsetzer empfindet seine momentane Situation so erdrückend, dass er den Kopf nicht mehr heben kann und sich in einem Zustand innerer Isoliertheit sieht:

> Io ero, quell'inverno, in preda ad astratti furori. [...] Ma bisogna dica ch'erano astratti, non eroici, non vivi; furori, in qualche modo, per il genere umano perduto. Da molto tempo questo, ed ero col capo chino. Vedevo manifesti di giornali squillanti e chinavo il capo; vedevo amici, per un'ora, due ore, e stavo con loro senza dire una parola, chinavo il capo; e avevo una ragazza o moglie che mi aspettava ma neanche con lei dicevo una parola, anche con lei chinavo il capo. Pioveva intanto [...] e io avevo le scarpe rotte, l'acqua che mi entrava nelle scarpe [...] Questo era il terribile: la quiete nella non speranza. Ero quieto; ero come se non avessi mai avuto un giorno di vita, né mai saputo che cosa significa esser felici [...] (CS 571)

Silvestro ist mit seinen „scarpe rotte", durch die der Regen dringt, das Sinnbild einer ganzen Generation, „die ihre ausweglose Situation unter der Diktatur Mussolinis im Dauerregen über Italien gleichsam gespiegelt sieht und stumm, apathisch erträgt."[21] Die hoffnungslos erscheinende Lage des Protagonisten wird an dieser Stelle in der Gestaltung des Textes ausgedrückt. Zum einen verwendet Vittorini vorwiegend Wörter, die den Buchstaben „o" enthalten, um die Verzweiflung Silvestros zu unterstreichen. Zum anderen wird die Aussage „chinavo il capo" mehrfach wiederholt als äußeres Zeichen seines inneren Zustands. Vor diesem

---

[20] Vgl. Nezri-Dufour, Sophie: „La fonction du train dans *Conversazione in Sicilia*", in: *Cahiers d'études romanes* 10 (2004), S. 103 ff.
[21] Kuon, Peter: „'Ehm! Perché Ehm?'. Kommunikationsstörungen und Sinnkonstitution in Vittorinis *Conversazione in Sicilia*", in: *Romanische Forschungen* 102, 2-3 (1990), S. 210.

Hintergrund werden die „astratti furori" zum Symbol seiner Gemütsbewegungen. Er fühlt, dass mit ihm und/oder mit seiner Umwelt etwas nicht stimmt, ohne dies jedoch klar in Worte fassen zu können.

Silvestro vermag sich nicht aus eigener Kraft aus dieser Situation zu befreien. Dazu bedarf es eines Anstoßes von außen, den er durch einen Brief seines Vaters erhält: *„Perché l'otto dicembre, invece di mandarle la solita cartolina di auguri per l'onomastico, non prendi il treno e vai giù e le fai una visita?"* (CS 573, Hervorhebung im Original).[22] Beim Lesen der Zeilen sieht Silvestro seinen Vater Costantino vor sich, wie er *Macbeth* rezitiert. Aber er gelangt nicht zu einer vollständigen Erinnerung an seine Kindheit, weil seine derzeitigen Lebensumstände sie verdrängt haben: „[...] riconobbi mio padre [...] Riconobbi lui e ch'ero stato bambino [...] Ma la memoria non si aprì in me che per questo solo [...]" (CS 573). Schließlich fühlt Silvestro seine Teilnahmslosigkeit und fragt sich, was er die vergangenen fünfzehn Jahre gemacht hat:

> Altri quindici anni erano passati dopo quelli, a mille chilometri di là, dalla Sicilia e dall'infanzia, e avevo quasi trent'anni, ed era come se non avessi avuto nulla, né i primi quindici, né i secondi, come se non avessi mangiato mai pane, e non mi fossi arricchito di cose e cose, sapori, sensi, in tanto tempo, come se non fossi stato mai vivo, e fossi vuoto, questo ero, come se fossi vuoto, pensando il genere umano perduto, e quieto nella non speranza. (CS 573 f.)

Die vergangenen fünfzehn Jahre, die der Protagonist anspricht, können ebenfalls auf den historischen Kontext des Romans bezogen werden, denn bei dessen Entstehung 1937/38 wurde Italien bereits fünfzehn Jahre vom Faschismus beherrscht. Die Zeit, die Silvestro fern von der sizilianischen Heimat verbracht hat, ist gleichbedeutend mit geistiger Deformation durch Propaganda und Mangel an wahrheitsgetreuen Nachrichten. Deshalb ist es nicht verwunderlich, dass er in einen Zustand innerer Starre verfallen ist.

Schließlich fühlt Silvestro fünfzehnmal 365 Mäuse in sich, die seine Erinnerungen an seine Kindheit in Sizilien widerspiegeln (CS 574). Jede Maus steht für einen verflossenen Tag und symbolisiert so die nagende Zeit.[23] Dennoch bricht der

---

[22] Vgl. Hempel, Wido: „Zur Nachwirkung der Divina Commedia in der Literatur des 20. Jahrhunderts", in: Hirdt, Willi / Klesczewski, Reinhard (Hgg.): *Italia viva. Studien zur Sprache und Literatur Italiens. Festschrift für Hans Ludwig Scheel*, Tübingen: Narr, 1983, S. 175.
[23] Vgl. Gesthuisen, Mechthild: *Elio Vittorini und sein literarisches Werk in der Zeit*, masch. Diss., Westfälische Wilhelms-Universität Münster, 1985, S. 101.

Schriftsetzer nicht sofort auf, sondern schreibt wie sonst die Karte an seine Mutter und geht zum Briefkasten am Bahnhof. Dort hat er im wahrsten Sinne des Wortes eine Erleuchtung:

> Salii nella luce le scale dell'atrio, per me era lo stesso continuare sotto la pioggia verso casa o salire quelle scale, e così salii nella luce, vidi due manifesti. Uno era di un giornale, squillante per nuovi massacri, l'altro era della Cit: *Visitate la Sicilia*, cinquanta per cento di riduzione da dicembre a giugno, 250 lire per Siracusa, andata e ritorno, terza classe. (CS 574, Hervorhebung im Original)

Als er bemerkt, dass der nächste Zug nach Sizilien in zehn Minuten abfährt, ertönt in ihm ein schriller Pfiff wie ein Abfahrtssignal. Silvestro entschließt sich spontan, zu seiner Mutter zu fahren. Diese Entscheidung wird durch den Umstand begünstigt, dass er gerade seinen Arbeitslohn von 350 Lire bekommen hat und die Eisenbahngesellschaft einen Sonderpreis für die Fahrt nach Sizilien anbietet. So wird die Reise für ihn bezahlbar, auch wenn nicht viel Geld für seine Frau und die Kinder übrig bleibt, denen er von Neapel aus fünfzig Lire schickt (CS 574 f.). Dies ist ein interessanter Gegensatz zu *La Modification,* der später aufgegriffen wird. Im Zug spürt Silvestro nicht mehr die drängenden Mäuse und „il piffero suonava un attimo melodioso, non più lamentoso" (CS 575). Dadurch wird der positive Effekt der Reise antizipiert.

Je näher der Protagonist seinem Zielort Neve kommt, desto genauer erfolgt die Nennung der durchfahrenen Bahnhöfe, was den Blick des Lesers auf die Insel lenkt. Vom ersten Teil der Reise werden nur die wichtigsten Etappen aufgezählt: Mailand, Florenz, Rom, Neapel, Fährüberfahrt von Kalabrien nach Messina. Erst als er in die Regionalbahn umsteigt, wird die Enumeration detaillierter, denn die durchfahrenen Bahnhöfe entsprechen den Orten, an denen Silvestro seine Kindheit verbracht hat: „Era la ferrovia secondaria, in Sicilia, da Siracusa per le montagne: Sortino, Palazzolo, Monte Lauro, Vizzini, Grammichele" (CS 598).

3.1.2 Die Mitreisenden

In *Conversazione in Sicilia* haben die Mitreisenden, die nur über Äußerlichkeiten charakterisiert werden, einen entscheidenden Anteil am Erkenntnisprozess des Protagonisten. Sie dienen dem Autor zur Darlegung bestimmter Ideen.

Zuerst trifft Silvestro an der Fähranlegestelle einen Orangenpflücker, der nur als „il piccolo siciliano" (CS 580 f.) bezeichnet wird und ihm ungewollt zeigt, wie weit er sich in den vergangenen fünfzehn Jahren von den Sizilianern und ihren Gewohnheiten entfernt hat. Silvestro packt nämlich an der Anlegestelle Brot und Käse aus und beginnt zu frühstücken. Der Genuss des Essens ruft in ihm erste Erinnerungen hervor: „[...] riconoscevo antichi sapori delle mie montagne, e persino odori, mandrie di capre, fumo di assenzio, in quel formaggio" (CS 576). Durch die dreimal wiederholte Feststellung „Non c'è formaggio come il nostro" (CS 576) versucht der Protagonist vergeblich, das Vertrauen der mit ihm wartenden Sizilianer zu gewinnen. Schließlich erklärt ihm der Orangenpflücker: „Un siciliano non mangia mai la mattina" (CS 578), und schließt aus Silvestros Verhalten, dass dieser Amerikaner sein müsse. Der Schriftsetzer traut sich nicht, den Irrtum richtig zu stellen, da Amerika für die Sizilianer das Inbild des Himmels auf Erden ist (CS 580). Der Protagonist unterstellt, dass der Orangenpflücker dort reich werden will, während dieser nur den herrschenden Verhältnissen auf Sizilien entfliehen möchte:

> « Non ci si arricchisce » risposi io.
> « Che importa questo? » disse lui. « Si può star bene senza arricchire... Anzi è meglio... »
> « Chissà! » dissi io. « C'è anche lì disoccupazione. »
> « E che importa la disoccupazione? » disse lui. « Non è sempre la disoccupazione che fa il danno... [...] »
> (CS 579)

Der Orangenpflücker und seine „moglie bambina" (CS 579) sind die ersten, die Silvestro die Misere der sizilianischen Bauern vor Augen führen. Die Orangen werden zum Symbol ihres bitteren Schicksals, denn die Leute müssen buchstäblich die Früchte ihrer Arbeit selbst essen, da sie damit bezahlt werden, ohne diese weiter verkaufen zu können:

> E lui, piccolo siciliano, [...] si chinò e sfilò un po' di spago dal paniere, tirò fuori un'arancia, e disperatamente l'offrì [...] alla moglie e, dopo il rifiuto senza parole di lei, disperatamente fu

> avvilito con l'arancia in mano, e cominciò a pelarla per sé, a mangiarla lui, ingoiando come se ingoiasse maledizioni.
> [...]
> « All'estero non ne vogliono » [...] « Come se avessero il tossico. Le nostre arance. E il padrone ci paga così. Ci dà le arance... E noi non sappiamo che fare. [...] »
> « Nessuno ne vuole... Nessuno ne vuole... Come se avessero il tossico... Maledette arance. »
> (CS 580 ff.)

Umso erstaunter reagiert der Orangenpflücker, als Silvestro ihm ein paar Apfelsinen abkaufen möchte. Für den Protagonisten sind die Früchte jedoch ein weiterer Schlüssel zu seiner Kindheit, denn er erinnert sich, wie das Obst bei ihm zu Hause zubereitet wurde:

> « Si mangiano a insalata » io dissi « qui da noi. »
> « In America? » chiese il siciliano.
> « No » io dissi « qui da noi. »
> « Qui da noi? » il siciliano chiese. « A insalata con l'olio? »
> « Si, con l'olio » dissi io. « E uno spicchio d'aglio, e il sale... »
> « E col pane? » disse il siciliano.
> « Sicuro » io risposi. « Col pane. Ne mangiavo sempre quindici anni fa, ragazzo... »
> (CS 581)

Die Verfluchung der Orangen durch den kleinen Sizilianer kann als Absage an den Faschismus interpretiert werden, die Silvestro zu diesem Zeitpunkt allerdings noch nicht begreift. Allgemeiner gesprochen dient die Szene auf der Fähre...

> [...] to establish the antitheses cheese vs. oranges, bread vs. oranges, hence the more general socio-political and economic distinction of northern Italy-southern Italy, having and not having, and finally Fascism vs. democracy (Italy-America).[24]

Erst im Zug auf Sizilien wird Silvestro durch den Gran Lombardo, der mit ihm im gleichen Abteil sitzt, direkter auf die aktuelle politische Situation aufmerksam gemacht. Dieser führt ihm vor Augen, dass es momentan gefährlich ist, offen zu reden. So bedient er sich des Wortes „puzza" (Gestank), um den Faschismus zu beschreiben, was Silvestro anfänglich nicht versteht:

> « Non sentivate la puzza? » disse l'uomo a me di faccia.
> [...]
> « La puzza? Che puzza? » io chiesi.
> « Come? Non la sentivate? » disse lui.
> « Non so » io risposi. « Non capisco di che puzza parlate. »
> « Oh! » egli disse. « Non capisce di che puzza parlo. »
> [...]
> Allora intervenne il catanese. [...]
> « Il signore parla della puzza che veniva dal corridoio. »

---

[24] Campana, John: „Images of Regeneration in *Conversazione in Sicilia*", in: *Forum Italicum* 19, 1 (1980), S. 64.

> « Veniva puzza dal corridoio? » dissi io.
> « Ma come? » È incredibile » gridò il Gran Lombardo. « Non la sentiva? »
> E il catanese disse: « Il signore parla della puzza di quei due... »
> « Quei due? » io dissi. « Quei due al finestrino? Facevano puzza? Che puzza? »
> [...]
> Capii allora che cosa la puzza fosse e risi.
> « Ah la puzza! » dissi. « La puzza! »
> (CS 586 ff.)

Der Gran Lombardo spielt auf die im Gang stehenden Polizisten Coi Baffi und Senza Baffi an, deren Namen auf ihre äußere Erscheinung zurückgehen: „[...] due uomini di persona massiccia, tarchiati, in cappello e cappotto, uno coi baffi, l'altro no [...]" (CS 583). Die beiden Männer unterhalten sich und verraten dabei ungewollt ihren Beruf und ihre Denkweise. Die Art, wie sie reden, zeigt deutlich das Ausschalten des eigenen Denkens und die erfolgreiche politische Indoktrination durch den Faschismus. Coi Baffi und Senza Baffi erkennen in dem Fluch „Maledette arance" (CS 582) den Protest des kleinen Sizilianers nicht. Für sie ist der Orangenhändler nur ein Hungernder, der inhaftiert werden sollte (CS 582 f.). Vittorini prangert damit an, dass das faschistische Regime nichts gegen den Hunger unternimmt und sich stattdessen gegen die Hungernden selbst zu schützen sucht. Ferner zeigen Coi Baffi und Senza Baffi, dass die Macht der Polizei immer mit dem sadistischen Vergnügen verbunden ist, die Würde des Menschen zu erniedrigen.[25]

Der Gran Lombardo – „Era un siciliano, grande, un lombardo o normanno forse di Nicosia, [...] autentico, aperto, e alto, e con gli occhi azzurri" (CS 586) – meint, dass der Mensch für höhere Aufgaben reif sei. Die bisherigen Pflichten sind seiner Ansicht nach längst überholt und können keine Befriedigung mehr geben. Er strebt nach einem neuen Ideal des Menschen. Um dieses Ziel zu erreichen, würde er sogar seinen Reichtum aufgeben.

> [Il Gran Lombardo] avrebbe voluto acquistare un'altra cognizione [...] e sentirsi diverso, con qualcosa di nuovo nell'anima, avrebbe dato tutto quello che possedeva [...] pur di sentirsi più in pace con gli uomini come uno [...] che non ha nulla da rimproverarsi. [...] Avrebbe voluto avere una coscienza fresca, così disse, fresca, e che gli chiedesse da compiere altri doveri, non i soliti, altri, dei nuovi doveri, e più alti, verso gli uomini, perché a compiere i soliti non c'era soddisfazione e si restava come se non si fosse fatto nulla, scontenti di sé, delusi.
> « Credo che l'uomo sia maturo per altro » disse. « Non soltanto per non rubare, non uccidere, eccetera, e per essere buon cittadino... (CS 589 f.)

---

[25] Vgl. Scuderi, Ermanno: „Impegno sociale e strutture stilistiche in ‚Conversazione in Sicilia'", in: Sipala, Mario / Scuderi, Ermanno (Hgg.): *Elio Vittorini. Atti del convegno nazionale di studi* (Siracusa-Noto, 12-13 febbraio 1976), Catania: Greco, 1978, S. 75.

Der letzte Satz verdeutlicht, dass die Forderungen des Gran Lombardo über die zehn Gebote hinausgehen. Seiner Anschauung nach darf der Mensch nicht autoritätshörig sein, sondern muss eigenständig denken, bestehende Gesetze hinterfragen und notfalls dagegen handeln. Sein Ziel ist es, zu mehr Menschlichkeit zu gelangen: „[Le sue] parole tendono a dare voce a un ideale di umanità, a un dovere e volere essere che possieda un calore assente dal sistema degli obblighi meccanici della società presente."[26] Der Gran Lombardo fühlt sich trotz seines Wunsches, den Menschen auf eine höhere Stufe zu führen, nicht als Lehrer: „[...] ma non sono un professore" (CS 592). Er reist mit Silvestro nur während der Zugfahrt von Messina nach Syrakus, der Protagonist beschäftigt sich jedoch gedanklich noch länger mit ihm. Der Gran Lombardo wird zum richtungsweisenden Modell, an dem sowohl sein Großvater, als auch sein Vater und der Landstreicher gemessen werden, die alle an die „altri doveri" gedacht haben.

In dem Zugabteil sitzen außer dem Gran Lombardo noch drei weitere Reisende: ein Jugendlicher „con un berretto di panno sottile" (CS 586), ein aus der Stadt kommender junger Mann sowie ein kleiner alter Greis, der wie ein trockenes Blatt aussieht (CS 586 f.). Durch das Schließen der Abteiltür sondern sich die Reisenden von den auf dem Gang stehenden Polizisten ab (CS 585). Das Abteil wird nun in seiner Isoliertheit zu einem Spiegelbild der sizilianischen Welt. Dort leben hauptsächlich nur noch Alte und Kranke, da die jungen Männer zum Militärdienst einberufen worden sind. Der Jugendliche symbolisiert aufgrund seiner Kopfbedeckung einen Soldaten. Seine ungesunde gelbliche Gesichtsfarbe und die Bezeichnung „il malato" (CS 587) lassen darauf schließen, dass er an Malaria erkrankt ist (CS 592). Offiziell galt die Krankheit zwar als ausgerottet, doch sie wütete immer noch in Sizilien.

Das Abteil ist in seiner Isoliertheit eine Insel der Menschlichkeit. Sogar der Polizist Senza Baffi wird zum einfachen Menschen und sucht die Nähe Silvestros, nachdem sein Kollege aus dem Zug ausgestiegen ist:

> Mi sorrise con la sua faccia da fumatore di sigari, senza baffi, e grosso nel cappotto color melanzana, il cappello color melanzana, entrò, si mise a sedere.
> « Mi permettete, vero ? » disse, quando si fu seduto.
> « Perbacco » io risposi. « Come no ? »

---

[26] Sampietro, 1979, S. 286.

> E lui fu contento di poter restare seduto col permesso mio, contento non già del fatto in sé di sedere, c'era tutta una vettura per sedere, ma del fatto di sedere là, dov'ero io, un altro, un uomo. (CS 593, Hervorhebung K. P.)

Senza Baffi, der sich vorher im Gespräch mit seinem Kollegen darüber beklagt hat, dass ihre Mütter sich wegen des Berufes ihrer Söhne schämen und vorgeben, dass sie beim Katasteramt arbeiten würden, verleugnet selbst seinen Beruf als Polizist und gibt sich als Katasterbeamten aus. Zudem legt er seine berufsbedingte Strenge beziehungsweise Unnahbarkeit ab und bietet Silvestro von seinem Proviant an, ja er nötigt ihn geradezu zuzugreifen. Silvestro hat die Ideen des Gran Lombardo bereits verinnerlicht und zeigt Senza Baffi, dass er auch noch andere Möglichkeiten als das Polizistendasein hat. Zum Beispiel könnte er Sänger werden, da er eine schöne Baritonstimme habe:

> « [...] Peccato che vi siate impiegato al Catasto invece di cantare... ».
> « Già » egli disse. « Mi sarebbe piaciuto... Nel *Falstaff*, nel *Rigoletto*... Su tutti i palcoscenici d'Europa. »
> « O anche per le strade, che importa? Sempre meglio di fare l'impiegato » dissi io.
> (CS 596)

Die kurze Unterhaltung verdeutlicht, dass es in jedem Menschen einen Ansatzpunkt für mehr Menschlichkeit gibt. Gleichzeitig versucht Silvestro, Senza Baffi einen Anstoß zu geben, seine innere Entfernung von der sizilianischen Welt, die bei beiden eine Identitätskrise ausgelöst hat, zu überwinden.[27]

3.1.3 Der Aufenthalt in Neve

3.1.3.1 Bei der Mutter

Als Silvestro in Neve ankommt, ahnt er, dass diese Reise ihm etwas Besonderes bringen wird: „Questo era il più importante nell'essere là; non aver finito il mio viaggio; anzi, forse, averlo appena cominciato [...]" (CS 600). Schon beim Eintritt in das Haus seiner Mutter nimmt Silvestro den Geruch von gebratenem Hering wahr, der in ihm wie der Käse, den er an der Fähranlegestelle gegessen hat, Erinnerungen an seine Kindheit weckt: „[...] respiravo l'odore dell'aringa, e non mi era indifferente, mi piaceva, lo riconoscevo odore dei pasti della mia infanzia" (CS 602). Sensuelle Stimuli dieser Art dienen in *Conversazione in Sicilia* zur Evozierung von

---

[27] Vgl. Campailla, Sergio: „La scrittura in quarta dimensione", in: Sipala, Mario / Salibra, Elena (Hgg.): *Vittorini vent'anni dopo. Atti del Convegno internazionale di studi (Siracusa – 3/5 aprile 1986)*, Siracusa: Ediprint, 1988, S. 24 f.

Rückblicken. Vittorini lehnt sich hierbei an sein Vorbild Marcel Proust an. In dem in *L'Italia letteraria* erschienen Aufsatz *Scarico di coscienza*[28] bezeichnet er den französischen Schriftsteller als „[...] il nostro maestro più genuino, più spontaneo, più caro, di cui non sapremmo privarci senza abbandonare i nostri medesimi pensieri, senza sacrificare il nostro mestiere [...]."[29]

In einem bei Anna Panicali zitierten Brief an Carlo Cordié vom 2. August 1931 gesteht Vittorini sogar: „[...] amo Proust [...]."[30] Besonders als junger Mensch muss er ein begeisterter Leser von dessen Werken gewesen sein und bezog vor allem im Jahre 1929 seine schriftstellerischen Impulse aus seiner Identifizierung mit Proust. In Zusammenhang mit der faschistischen Strapaese-Bewegung[31] verleugnete Vittorini aber zwischen 1926 und 1928 seine Vorliebe für diesen Autor und polemisierte sogar gegen französische Schriftsteller.[32]

Proust verstand es meisterhaft, durch sensuelle Stimuli Erinnerungen wach werden zu lassen, wie die berühmte Madeleine-Szene in seinem Hauptwerk *A la recherche du temps perdu* zeigt. Der Geschmack des in den Tee getauchten Gebäcks setzt bei der Hauptfigur Marcel verschüttete Kindheitserlebnisse frei.

> Et tout d'un coup le souvenir m'est apparu. Ce goût c'était celui du petit morceau de madeleine que le dimanche matin à Combray [...] quand j'allais lui dire bonjour dans sa chambre, ma tante Léonie m'offrait après l'avoir trempé dans son infusion de thé ou de tilleul. La vue de la petite madeleine ne m'avait rien rappelé avant que je n'y eusse goûté [...] Et dès que j'eus reconnu le goût du morceau de madeleine trempé dans le tilleul [...] aussitôt la vieille maison grise sur la rue, où était sa chambre, vint comme un décor de théâtre s'appliquer au petit pavillon, donnant sur le jardin, qu'on avait construit pour mes parents sur ses derrières [...] et avec la maison, la ville, [...] la Place où on m'envoyait avant déjeuner, les rues où j'allais faire des courses, les chemins qu'on prenait si le temps était beau. [...] tout cela qui prend forme et solidité, est sorti, ville et jardins, de ma tasse de thé.[33]

---

[28] Veröffentlicht in *L'Italia letteraria* Nr. 41 vom 13.10.1929.
[29] Zitiert nach Gronda, 1979, S. 72. Der vollständige Text befindet sich ebenda, S. 69-74. In Auszügen findet sich der Text auch unter dem Titel „Maestri cercando" in: Vittorini, Elio: *Diario in pubblico*, Milano: Bompiani, 1957, S. 9-11.
[30] Panicali, Anna: *Il primo Vittorini*, Milano: Celuc Libri, 1974, S. 75.
[31] Die Strapaese-Bewegung war eine unter dem Faschismus entstandene literarische Bewegung, deren Programm auf Mino Maccari zurückging. Die ‚strapaesani' propagierten ein Kunst- und Kulturmodell, bei dem die Bewahrung und Betonung der Tradition, der Bodenständigkeit und der regionalen Eigenarten Italiens im Vordergrund stand. Sie sprachen sich außerdem gegen die Nachahmung ausländischer Literaturmodelle aus.
Siehe dazu: Weichmann, Manfred: *Italienische Literatur im ersten Jahrzehnt des Faschismus: „Stracittà" und „Strapaese"*, Weiden: Schuch, 1991, S. 273 f.
[32] Vgl. Marek, Heidi: „Das *Lagrange*-Fragment: Zur Proustrezeption in Elio Vittorinis Frühwerk", in: *Italienische Studien* 9 (1986), S. 69.
[33] Proust, Marcel: *A la recherche du temps perdu*, Bd. 1, Paris: Gallimard, 1987, S. 46 f.

Der erwachsene Erzähler taucht in die eigene Vergangenheit ein und erkennt Teile seines verdrängten Ichs wieder.[34] Dieser Prozess kann als „mémoire involontaire" bezeichnet werden.[35] Gleichzeitig wird deutlich, dass die Erinnerung ihren Widerpart im Vergessen hat. Dennoch können die beim Genuss der Madeleine hervorgerufenen Assoziationen nicht die gesamte Erinnerung sein, denn Marcel verlässt wie Silvestro den Erfahrungsbereich des Kindes und nimmt die Situation mit dem Wissen eines Erwachsenen wahr. So ist es möglich, nicht nur vergangene Zeiten, sondern auch verlorene Erfahrungsräume zurückzugewinnen und den Menschen zu einer neuen Erkenntnis über sich selbst zu bringen.[36]

Silvestro kann nur über sensuelle Stimuli seine Erinnerungen wachrufen, da weder der Ort noch die Inneneinrichtung des Hauses, in dem seine Mutter jetzt wohnt, Beziehungen zu seiner Kindheit haben. Neve liegt weit entfernt von einer Eisenbahnstrecke, die ein wesentlicher Bestandteil seiner Kindheit war. Deshalb ist es für ihn unverständlich, dass seine Mutter hier leben kann.

> « Non c'è nessun mobile qui dei nostri? » dissi.
> E mia madre: « Nessun mobile. Ci sono delle stoviglie e le cose di cucina, delle nostre... E le coperte, la biancheria. Il mobilio lo abbiamo venduto venendo qua... »
> « Ma come vi siete decisi a venir qua? » io dissi.
> E mia madre: « Io l'ho deciso. Questa è la casa di mio padre e non si paga affitto. [...] Dove volevi che si andasse? »
> E io: « Non so... Ma certo è così lontano dalla ferrovia qua! Come puoi vivere senza nemmeno vedere la linea? »
> E mia madre: « Che importa vedere la linea ? »
> E io: « Dicevo...Senza mai sentir passare un treno! »
> E mia madre: « Che importa sentir passare un treno ? »
> E io: « Credevo che ti importasse [...] »
> [...]
> Ma non mi importò della sua risposta. Potei ricordare me e il treno in un rapporto speciale come di dialogo, come se avessi parlato con lui, e un momento mi sentii come se cercassi di ricordarmi le cose che lui mi aveva detto, come se pensassi al mondo nel mondo che aveva appreso, in quei nostri colloqui, da lui. (CS 615 f.)

Über zahlreiche Gespräche verhilft die Mutter ihrem Sohn zur Wiedererweckung seines eigentlichen Ichs. Während des Kochens zählt sie auf, was er und seine Brüder als Kinder gegessen, was sie gespielt haben und wie sie von der Schule kamen. Concezione löst ihren Sohn damit aus der Paralyse, in der er sich

---

[34] Vgl. Marek, Heidi: *Elio Vittorini und die moderne europäische Erzählkunst (1926-1939)*, Heidelberg: Winter, 1990, S. 46.
[35] Vgl. Corbineau-Hoffmann, Angelika: *Marcel Proust: A la recherche du temps perdu*, Tübingen: Francke, 1993, S. 140.
[36] Vgl. ebd., S. 140 ff. und Aubyn, Frederic C. St.: „Michel Butor and Phenomenological Realism", in: *Studi Francesi* 6 (1962), S. 53.

vor der Reise befunden hat. In der Nähe der Mutter beginnt Silvestro, wieder zu leben und verspürt erneut Appetit auf Gerichte seiner Kindheit, nach denen es ihn im Norden nie verlangt hatte.[37] Der gebratene Hering Conceziones erscheint ihm aromatisch und voller Geschmack im Gegensatz zu den Fleischgerichten, die ihm seine Frau in Mailand regelmäßig zubereitet. Dies verdeutlicht nicht nur den Unterschied zwischen Kindheit und Erwachsenenleben, sondern auch zwischen dem reichen Norditalien und dem armen Sizilien: „[...] lei [= la madre] capisse come in Alta Italia si stava molto meglio che in Sicilia [...]" (CS 607).

Der Anblick der Mutter, wie sie den Hering über dem Feuer wendet, setzt in Silvestro Erinnerungen an die gleiche Küchensituation in der Kindheit frei: „Era questo, mia madre; il ricordo di quella che era stata quindici anni prima [...] il ricordo, e l'età di tutta la lontananza, l'in più d'ora, insomma due volte reale" (CS 603). Das mehrmals wiederkehrende „due volte reale" verdeutlicht, dass Silvestro immer eine zweifache Wirklichkeit entdeckt: „[...] eine sinnlich-konkrete, in der Archaik Siziliens verwurzelte, und zugleich eine höchst abstrakt-theoretische Wahrheit und Wirklichkeit."[38] Das „due volte reale" geht über Vergangenheit und Gegenwart hinaus, es schließt Realität und Mythos, Wirklichkeit und Möglichkeit mit ein. Silvestro muss die Vergangenheit wieder wach werden lassen und für die Gegenwart nutzen: „[...] the complex amalgamation of past experience and present identity is the primary task of the protagonist-narrator in his search for meaning."[39] Die Fahrt nach Neve wird so für den Protagonisten eine Reise „in una quarta dimensione" (CS 600). *Conversazione in Sicilia* knüpft damit direkt an *A la recherche du temps perdu* an, wo Proust „[un] espace à quatre dimensions – la quatrième étant celle du Temps" erwähnt.[40] Vittorinis Roman wird somit zu einer sizilianischen Variante des Themas „Suche nach der verlorenen Zeit".[41] Die Beschreibung der Reise in chronologischer Reihenfolge wird durch Rückblicke unterbrochen, so dass *Conversazione in Sicilia* immer auf zwei Zeitebenen spielt. „Das Eintauchen in die Erinnerung nimmt der Romanhandlung ihre Einlinigkeit und verleiht den Ereignis-

---

[37] Vgl. Potter, 1975, S. 57.
[38] Reichel, 1988, S. 10.
[39] Usher, J.: „Time and (E)motion in Vittorini's *Conversazione in Sicilia*", in: *Italian Studies* 44 (1989), S. 77.
[40] Proust, 1987, S. 60.
[41] Vgl. Marek, 1986, S. 74.

sen Tiefe."⁴² *Conversazione in Sicilia* schwankt so permanent zwischen der von Ungerechtigkeit beherrschten Gegenwart und der längst vergangenen glücklichen Kindheit.

Während des Essens stellt Silvestro der Mutter Fragen über seinen Vater. Die Antworten Concezziones zeigen, dass sie ihren Mann ausschließlich negativ sieht. Sie bezeichnet ihn als „vigliacco" (CS 611), der sie schlug und hinterher um Verzeihung bat. Sie wirft ihm außerdem vor, dass er bei der Geburt des dritten Kindes nicht half, sondern die Arme zum Himmel hob und „si mise a invocare Dio come quando recitava le sue tragedie" (CS 613). Concezione vergleicht Costantino und ihren idealisierten Vater, ohne deren grundverschiedene Charaktere zu berücksichtigen. Sie beurteilt ihren Mann so negativ, weil er in ihren Augen kein Ideal hat, für das er überzeugt eintritt.

Im Gegensatz zu ihrem gebildeten Mann war ihr Vater Analphabet, der sich aber als Sozialist politisch engagierte. Wie der Gran Lombardo war er mit der Welt unzufrieden, mit sich selbst jedoch im Reinen (CS 622). Beide Männer sind auf ihre Art politisch, denn der Gran Lombardo engagiert sich gegen den Faschismus, ohne sich jedoch an eine bestimmte politische Gruppe zu binden. Concezziones Vater und der Gran Lombardo weisen nicht nur gedankliche, sondern auch biographische Gemeinsamkeiten auf: Sie haben drei schöne Töchter, besitzen ein Pferd und glauben, ein König zu sein, wenn sie mit diesem ihre Ländereien abreiten. Schließlich verschmelzen beide über ihre Ideen zu einer imaginären Person. Ob Silvestros Vater im Vergleich zu diesen beiden Männern tatsächlich so „insignificant and inadeguate" ist, wie ihn Marianne Shapiro beschreibt, muss hinterfragt werden.⁴³ Costantino hat die Sensibilität eines Künstlers und wehrt sich demzufolge mit den Mitteln der Kunst gegen die Missstände seiner Zeit. Durch eine poetische Sprache, die für neue Wahrnehmungen offen ist, versucht er, die Menschen zur Suche ihrer eigenen Authentizität anzuregen. Silvestro vergleicht seinen Vater aus diesem Grunde und wegen seines Äußeren schon während der Zugfahrt mit dem Gran Lombardo: „Pensai a mio padre con gli occhi azzurri, non biondo, e come pensavo anche lui una specie di Gran Lombardo, in *Macbeth*, e in

---

⁴² Marek, 1990, S. 264.
⁴³ Shapiro, Marianne: „The *Gran Lombardo:* Vittorini and Dante", in: *Italica* 52 (1975), S. 71.

tutte le sue tragedie recitate su tavole di ferrovia, per ferrovieri e cantonieri [...]" (CS 620).

Concezione – dieser Vorname ist mit „Empfängnis" zu übersetzen – bringt im übertragenen Sinne ihren erwachsenen Sohn zum zweiten Mal zur Welt, indem sie ihn aus seiner Lethargie befreit. Ihr Namenstag, das Fest der Unbefleckten Empfängnis, assoziiert einen Vergleich mit der Jungfrau Maria.[44] Sie verkörpert das Prinzip und die Gewissheit des Lebens trotz allen Elends. Darüber hinaus ermöglicht Concezione ihrem Sohn, sich über die Wiederentdeckung der Kindheit mit Sizilien zu identifizieren. Sie bringt ihn dazu, die in seinem Unterbewusstsein latent vorhandene Wahrheit aufzuspüren. Franca Bianconi Bernardi vergleicht die Mutter deshalb mit einer Hebamme in spirituellem Sinne, die Silvestro hilft, neue Ideen hervorzubringen.[45] Das äußere Erscheinungsbild Conceziones, wenn sie zum Rundgang zu ihren Patienten aufbricht, um Injektionen zu verabreichen, womit sie sich ihrem Lebensunterhalt verdient, stützt den Vergleich: „Vestita d'un cappotto nero, e con una grande borsa un po' da levatrice infilata nel braccio [...]" (CS 634).

Die Idee des „Hervorbringens", vor allem von etwas Unbekanntem oder Unerwartetem, verknüpft sich mit dem Bild Conceziones als „Mamma Melone" oder „Mamma dei Meloni" (CS 615), wie ihre Kinder sie nannten, weil sie mitten im Winter die Küche verließ und mit einer reifen Melone zurückkam. Deshalb hatte sie für den jungen Silvestro und seine Brüder etwas Mystisches. Die Bezeichnung „Mamma Melone" kann auch als indirekte Anspielung auf eine schwangere Frau verstanden werden. Unter diesem Blickwinkel deutet Franca Bianconi Bernardi das Motiv der „Mamma dei Meloni" als Sinnbild für die Aufweitung der Grenzen der natürlichen Mütterlichkeit Conceziones bis zu einer *„maternità vegetale"*.[46] Michael Hanne sieht sie gleichermaßen als primitive, heidnische und fruchtbare „Earth Mother".[47]

---

[44] Vgl. Hanne, Michael: „Significant Allusions in Vittorini's 'Conversazione in Sicilia'", in: *Modern Language Review* 70 (1995), S. 76.
[45] Vgl. Bianconi Bernardi, Franca: „Parola e mito in *Conversazione in Sicilia*", in: *Lingua e stile* 2 (1966), S. 168.
[46] Ebd., S. 178.
[47] Hanne, 1995, S. 76.

Ferner zeichnet sich Concezione durch Pragmatismus aus. Als sie erkennt, dass den Landstreicher, dessen Weg ihn zufällig zu ihr führt, nicht nur nach Wasser dürstet, gibt sie sich ihm hin (CS 632). Bezeichnenderweise findet der Seitensprung in Acquaviva statt. Das lebensspendende Wasser ist also nicht nur wortwörtlich aufzufassen. Im Gegensatz zu den Geliebten ihres Mannes wird Concezione in den Augen ihres Sohnes durch das Liebesabenteuer jedoch nicht zur „sporca vacca", sondern zur „benedetta vacca" (CS 632 f.). Trotz ihres Alters sieht sie noch sehr gut aus und hat noch viel „vecchio miele" in sich, um selbst Geliebte zu sein (CS 627). Als Mutter und Liebhaberin ist Concezione die Inkarnation der Weiblichkeit schlechthin. Im krassen Gegensatz dazu steht ihre eher männlich wirkende äußere Erscheinung mit dem harten Kinn, der großen Nase und den groben Männerschuhen, die sie im Haus trägt (CS 601, 610).

Aus dem Frage- und Antwortspiel mit seiner Mutter erkennt Silvestro, dass nur derjenige ein Gran Lombardo sein kann, der an die „altri doveri" denkt. Die Besonderheit des Gran Lombardo lässt sich nicht ausschließlich an Äußerlichkeiten festmachen: „Un uomo fiero è un Gran Lombardo e pensa ad altri doveri, quando è uomo. Per questo egli è più uomo" (CS 651). In diesem Sinne war auch der Landstreicher ein Gran Lombardo, da er sich selbstlos für die Streikenden in den Schwefelminen eingesetzt hatte. Ob er dabei ums Leben kam, bleibt im Roman offen.

Nach dem Mittagessen begleitet Silvestro seine Mutter bei ihrem Rundgang durchs Dorf. Der erste Teil der Besuche wird hier nicht näher betrachtet, da er in Kapitel 4.2.1 auf seine Bezüge zur *Divina Commedia* untersucht wird. Im weiteren Verlauf gehen sie zu äußerst attraktiven Frauen, die nicht wirklich krank sind, sondern sich nur aus Gründen der Schicklichkeit eine Injektion verabreichen lassen. Die Mutter verhilft ihrem Sohn so zur Wiederentdeckung seiner verschütteten Sexualität. Silvestro lernt durch den Besuch bei den Frauen die „naturale letizia del sesso, senza scandalo e senza volgarità" kennen.[48] In Mailand stand er diesem

---

[48] Barberi Squarotti, Giorgio: „Natura e storia nell'opera di Vittorini", in: Sipala, Mario / Scuderi, Ermanno (Hgg.): *Elio Vittorini. Atti del convegno nazionale di studi* (Siracusa - Noto, 12-13 febbraio 1976), Catania: Greco, 1978, S. 20.

Punkt indifferent gegenüber, hier trägt der Besuch bei den Frauen zur Überwindung seiner inneren Starre und zur Rückkehr ins Leben bei.

Nach dem Rundgang durch das Dorf möchte Silvestro vorerst nicht mehr weiterreisen: „[...] la ruota del viaggio si era fermata in me, ora come ora" (CS 663). Er macht sich Gedanken, was jemand, der das Leid der Welt kennt, unternehmen würde, um daran etwas zu verändern. Schließlich stellt er sich diese Frage persönlich:

> Dopo, uno conosce le offese recate al mondo, l'empietà, e la servitù, l'ingiustizia tra gli uomini, e la profanazione della vita terrena contro il genere umano e contro il mondo. Che farebbe allora se avesse pur sempre certezza? Che farebbe? uno si chiede. Che farei, che farei? mi chiesi. (CS 664)

Damit ist Silvestro auf einer neuen Bewusstseinsstufe angelangt - er befasst sich jetzt schon gedanklich mit dem Handeln, der zweiten Ebene nach dem Erkennen.

3.1.3.2 Calogero, Ezechiele, Porfirio und Colombo

Das zeitweilig angehaltene Rad der Reise dreht sich für Silvestro weiter, „[la] ruota del viaggio ricomincia ormai a muoversi in me [...]" (CS 665), als ihn der Scherenschleifer anspricht. Immer wieder bietet Calogero den Menschen an, Scheren, Messer, Sicheln, Hämmer, Klingen und Kanonen zu schleifen. Leider verfügen nur noch wenige über solche Gegenstände. Wer dennoch Waffen besitzt, könnte noch einen Funken Widerstandsgeist in sich haben, der nach Calogeros Meinung entfacht werden muss. Deshalb richtet er seinen Aufruf an alle, die sich nicht gegen das bestehende Unrecht auflehnen. Silvestro gibt ihm sein Taschenmesser zum Schleifen – seine erste selbstbestimmte Handlung.[49] Der Scherenschleifer zeigt sich darüber sehr zufrieden:

> « Fa piacere arrotare una vera lama. Voi potete lanciarla ed è dardo, potete impugnarla ed è pugnale. Ah, se tutti avessero sempre una vera lama! ». Chiesi io: « Perché ? Pensate succederebbe qualcosa? » « Oh, io avrei piacere ad arrotare sempre una vera lama! » l'arrotino rispose. (CS 666)

Die Äußerungen Calogeros implizieren, dass er zwar zur gewaltsamen Revolution aufruft, sich als Waffenschleifer aber nur indirekt daran beteiligt und das Handeln

---

[49] Franca Bianconi Bernardi leitet den Silvestros Nachnamen Ferrauto von „ferro acuto" ab und sieht darin das Symbol einer möglichen gewaltsamen Revolution. Diese Namensinterpretation ist in Frage zu stellen, da Silvestro nicht unter Anwendung von Gewalt die herrschenden Zustände ändern möchte.
Vgl. Bianconi Bernardi, 1966, S. 177.

anderen überlässt. Seine Ideen scheinen Silvestro nicht zu überzeugen, da er ihm im Laufe des Gesprächs nicht mehr antwortet und ihn mit einem Spielzeugdrachen vergleicht:

> Poi ricominciò a parlarmi nell'orecchio: « Se ci fossero coltelli e forbici… ». E mi parlò all'orecchio, un minuto o due, ma io non parlai all'orecchio suo, ora per me era come se fosse il mio aquilone che parlava. (CS 669)

Der Scherenschleifer führt Silvestro in die unterirdische Werkstatt des Sattlers Ezechiele, der berufsbedingt eine Ahle besitzt (CS 669). Dieser hat sich wie ein Eremit mit der Begründung „Ognuno soffre per se stesso [...]" (CS 671) in seine Grotte zurückgezogen und schreibt dort das Leid der Welt auf:

> « Digli che come un eremita antico io trascorro qui i miei giorni su queste carte e che scrivo la storia del mondo offeso. Digli che soffro ma che scrivo, e che scrivo di tutte le offese una per una, e anche di tutte le facce offensive che ridono per le offese compiute e da compiere. » (CS 673)

Ezechiele verkörpert den Intellektuellen, der in innerer Emigration das Geschehen für kommende Generationen aufzeichnet. Diese Schriften sind in der aktuellen Situation nutzlos, da sie ohne Veröffentlichung die Menschen nicht aufrütteln können. Zudem ist in seiner Sattlerei die Welt noch intakt: „[...] il mondo è offeso, ma non ancora qua dentro!" (CS 671). Während Silvestro bereits eigene Erfahrungen mit dem „mondo offeso" gemacht hat, ist Ezechieles Wissen über das, was in der „Außenwelt" geschieht, eher abstrakt.

Auffälligerweise wendet sich der Sattler während der Unterhaltung nie direkt an Silvestro, sondern nutzt Calogero als Mittler: „Bene, digli che non soffriamo per noi stessi" [...] „Digli che non abbiamo nulla da soffrire per noi stessi [...]" (CS 672). Ezechiele kann nur Mitleid haben, er selbst ist aktionsunfähig. Darin unterscheidet sich der Sattler deutlich vom Propheten Hesekiel, auf den sein Name verweist. Der biblische Hesekiel nimmt seinen Auftrag an und verkündet das Wort Gottes, während Ezechiele sich zurückzieht und nichts gegen die herrschenden Missstände unternimmt.

Silvestro begleitet den Scherenschleifer und den Sattler zum Tuchhändler Porfirio, der noch die Hälfte einer Schere besitzt, die er sich von Calogero schleifen lässt (CS 677). Ob sie noch für seine Arbeit tauglich ist oder nur dem Widerstand dienen soll, bleibt offen. Porfirio sieht im Kampf auch keine Lösung gegen das

Leid der Welt: „No, amici, non coltelli, non forbici, nulla di tutto occorre, ma acqua viva [...] Solo l'acqua viva può lavare le offese del mondo e dissetare l'uman genere offeso" (CS 679). Wasser ist im Johannesevangelium das Symbol des Lebens und des Heiligen Geistes.[50] Der Tuchhändler zeigt eine religiös beeinflusste Haltung, nach der der Mensch um eines höheren Lohnes willen in seinem Elend verharren muss.[51] Calogero fasst die Waffen und das lebensspendende Wasser als Einheit auf, nur wer dank des Wassers Leben in sich hat, kann sich wehren: „Dove ci sono coltelli c'è acqua viva" (CS 679).

Calogero, Ezechiele, Porfirio und Silvestro gehen anschließend gemeinsam in die Taverne von Colombo. Der Wirt hat auch kein Heilmittel gegen die Leiden der Welt. Wein ist das einzige, was er anbieten kann. Silvestro erkennt schnell, dass Alkohol keine Lösung ist, sondern die Sorgen nur zeitweilig ertränkt, anstatt sie zu beseitigen, und zu körperlicher und geistiger Trägheit führt.

> Cercavo io, e prendevo un sorso fra le labbra e il vino sembrava buono, per se stesso, così tra le labbra, eppure io non potevo berlo; per tutto il passato umano in me sentivo che non era cosa viva spremuta dall'estate e dalla terra, ma triste, triste cosa fantasma spremuta dalle caverne dei secoli. E che altro poteva essere in un mondo sempre offeso? Generazioni e generazioni avevano bevuto, avevano versato il loro dolore nel vino, cercato nel vino la nudità, e una generazione bevevo dall'altra, dalla nudità di squallido vino delle altre passate, e da tutto il dolore versato. (CS 685)

Die drei Männer, die deutlich mehr trinken als Silvestro, sind schließlich betrunken. Es gelingt ihnen nicht, den Zustand der Welt zu ändern oder zumindest etwas dazu beizutragen. Obwohl sie gute Ansätze zeigen, sind sie gescheitert.

3.1.3.3 Die Begegnung mit dem Geist Liborios

Nach dem Besuch in der Taverne geht Silvestro auf den Friedhof, wo er den Geist seines Bruders Liborio trifft, der im Krieg gefallen ist: „Giaccio su un campo di neve e di sangue da trenta giorni" (CS 693). Vittorini spielt mit dieser Szene, wie auch mit dem „quell'inverno" (CS 571) vom Anfang des Romans, auf den Spanischen Bürgerkrieg 1936/37 an. Der Bruder repräsentiert die Tragik der Geschichte: „[...] l'unica storia possibile, in questa prospettiva, è allora quella degli uomini offesi, di tutti coloro che non hanno fatto la storia ma l'hanno subita, come il fratel-

---

[50] Vgl. Johannes 4_{10-11} und 7_{38-39}.
[51] Vgl. Hempel, 1983, S. 179.

lo Liborio."⁵² Er wird keine Ruhe finden, solange „Shakespeare non mette in versi il tutto di loro, e i vinti vendica, perdona ai vincitori" (CS 694). Liborio erträgt nicht, dass die faschistische Propaganda die gefallenen Soldaten, die eigentlich Opfer sind, zu Helden stilisiert. Dies dient lediglich zur ideologischen Stärkung des Regimes. Der Name Liborio unterstreicht die Opferrolle des Bruders. „Liborio" leitet sich von der ersten Person Singular Präsens Passiv des lateinischen Verbs „libare" („opfern") ab.⁵³ Silvestros Bruder leidet umso mehr „[p]er ogni parola stampata, ogni parola pronunciata, per ogni millimetro di bronzo innalzato" (CS 695). Dem kann nur entgegengewirkt werden, wenn das geschehene Unrecht ausgesprochen und schriftlich fixiert wird, damit es nicht in Vergessenheit gerät. Nur so kann den Gefallenen Gerechtigkeit widerfahren.

Liborio erinnert seinen Bruder durch die Interjektion „Ehm!" an die ausstehende Erlösung der gefallenen Soldaten und fordert, das wirkliche Geschehen aufzudecken. Er macht auf eine tiefgründigere Wahrheit aufmerksam, die sich nicht mit der offiziellen Sprache ausdrücken lässt beziehungsweise die nicht genannt werden darf. Außerhalb der sprachlichen Norm wird das „Ehm!" reich an Bedeutungen, denn Sprache beinhaltet auch Nichtgesagtes:

> ogni *linguaggio* è anche un *non-linguaggio* – [...]
> * voglio dire che è composto di detto e di non-detto: di manifesto e di sottinteso, di *pronuncia e di silenzio* –
> ha cioè due strutture in una: la struttura della *pronuncia* (della manifestazione) *linguistica* e quella della *reticenza* –
> la caratteristica di quest'ultima è in apparenza pi[ù] importante di quella della prima a rendere speciale, particolare un linguaggio –
> ma in sostanza è forse la combinazione tra le due che pi[ù] conta come originalità -
> la struttura della reticenza sottintende in sé (e si riferisce a) un patrimonio sostanzialmente pi[ù] comune di quello cui si riferisce la struttura della pronuncia – ...⁵⁴

Silvestro versteht die kodierte Sprache seines Bruders zunächst nicht und fragt naiv: „Posso far nulla per consolarvi?" (CS 695). Erst als er am nächsten Tag vom Tod Liborios erfährt, begreift er die Botschaft, bricht in ein kathartisches Weinen aus und läuft durch das Dorf. Er fragt sich, was er hätte tun können beziehungsweise müssen, um dieses Leid zu verhindern. Während er durch die Straßen geht,

---

⁵² Barberi Squarotti, 1978, S. 23.
⁵³ Vgl. Kuon, Peter: *Lo mio maestro e'l mio autore. Die produktive Rezeption der Divina Commedia in der Erzählliteratur der Moderne*, Frankfurt/M: Klostermann, 1993, S. 159.
⁵⁴ Vittorini, Elio: *Le due tensioni. Appunti per un' ideologia della letteratura* (Hg. Dante Isella). Milano: Il Saggiatore, 1967, S. 170, Hervorhebung im Original.

folgen ihm die Dorfbewohner bis zur Bronzestatue einer Frau in der Pose des Hitlergrußes, die zu Ehren der Gefallenen des Krieges errichtet wurde (CS 707). Die Skulptur kennt die ganze Wahrheit: „Sa tutto [...] Sa anche di più [...]" (CS 707). Ihr Wissen ist irdisch und liegt in der Absurdität, dass sie als Frau das Prinzip des Lebens für die Toten verkörpert. Die Statue klagt an, dass die Gefallenen sinnlos in den Krieg geschickt wurden und ihre politische Stilisierung zu Helden diese Tatsache nur verschleiern soll. Nach dieser finalen Erkenntnis hält Silvestro eine Ansprache, in der er mit Vittorini verschmilzt. Dabei wird ihm zunächst nicht bewusst, dass er in den Redestil der Faschisten verfällt:

> « Essi [i caduti] non sono morti comuni, non appartengono al mondo, appartengono ad altro, ed hanno questa donna per loro. »
> « Ehm! » aveva detto il soldato.
> « Non è gentile da parte nostra dedicar loro una donna? » continuai. « In questa donna noi li celebriamo. »
> « Ehm! » il soldato aveva detto. « Ehm! Ehm! »
> « E in questa donna » io continuai « in questa donna... »
> M'interruppi, e il soldato parlò in me, disse forte: « Ehm! ».
> « Ehm? » chiesero, seduti intorno, i miei interlocutori.
> [...]
> « Che storia è questa? » si chiesero l'un l'altro Coi Baffi e Senza Baffi.
> « È una parola suggellata » io risposi.
> I siciliani si guardarono tra loro.
> « Ah! » disse l'uomo Porfirio.
> « Già » disse l'uomo Ezechiele.
> « Sicuro » disse l'arrotino.
> E il Gran Lombardo assentì il capo. Ognuno assentì. Uno disse: « Anch'io la conosco ».
> « Che cosa? » Coi Baffi chiese.
> « Che cosa? » chiese Senza Baffi.
> In alto sorrideva, sopra a tutto questo, la donna di bronzo.
> « Ed è molto soffrire? » chiesero i siciliani.
> (CS 707 f.)

Silvestro wird sich seines Fehlers bewusst und produziert aus sich selbst heraus die „parola suggellata". Er kann seine Erkenntnis selbst nur verschlüsselt weitergeben, jeder der Umstehenden muss diese Botschaft dekodieren. Calogero, Ezechiele und Porfirio zeigen durch ihr „Ah!", „Gia" und „Sicuro", dass sie verstanden haben, ohne jedoch näher zu präzisieren, was sie tatsächlich verstanden haben. Die Interjektion „Ehm!" wird zu einem Codewort, das die faschistische Heldenlüge entlarvt und Einigkeit mit der Menge schafft, denn es zeigt, dass sich hinter dem angeblichen Heldentod menschliches Leid verbirgt. Die Frage der Anwesenden „Ed è molto soffrire?" (CS 708) verdeutlicht, dass sie Silvestros kodierte

Ausführungen verstanden haben. Lediglich die Polizisten Coi Baffi und Senza Baffi können die „parola suggellata" nicht entschlüsseln.

3.2 „La Modification"

In Butors Roman bildet die Reise des Protagonisten das Gerüst der Handlung wie in *Conversazione in Sicilia*. Léon legt die gesamte Strecke von Paris nach Rom im Schnellzug zurück. Alle Orts- und Zeitangaben sind vom Leser nachprüfbar, da die vom Protagonisten benutzte Fahrplanausgabe benannt wird: „édition du 2 octobre 1955, service hiver, valable jusqu'au 2 juin 1956 inclus" (LM 26).

Die Interdependenz von Raum und Zeit bei der Zugfahrt bot Butor die Möglichkeit, mit nur einer der beiden Informationen Zeit und Ort genau festzulegen. Aus einer exakten Zeitangabe ergibt sich automatisch der Ort, an dem sich der Zug zu diesem Zeitpunkt befinden muss. Umgekehrt lässt sich aus der Ortsangabe die Uhrzeit ableiten.[55] Die Abhängigkeit des Romans vom Fahrplan bedingt außerdem, dass die Fahrzeit von einundzwanzig Stunden und fünfunddreißig Minuten der erzählten Zeit entspricht.

Raum und Zeit stehen in *La Modification* noch in einem weiteren Abhängigkeitsverhältnis:

> Les lieux ayant toujours une historicité, soit par rapport à l'histoire universelle, soit par rapport à la biographie de l'individu, tout déplacement dans l'espace impliquera une réorganisation de la structure temporelle, changements dans les souvenirs ou dans les projets, dans ce qui vient au premier plan, plus ou moins profond et plus ou moins grave.[56]

Der Bahnhof Laumes-Alésia erinnert Léon an Alise Sainte Reine, wo Julius Cäsar die Gallier besiegt hat (LM 48). Fontainebleau verbindet er mit dem Grand Veneur, einer nordischen Sagengestalt aus der Kindheit seiner Frau. Kulturzentren wie Rom und Paris weisen ein besonderes Raum-Zeit-Verhältnis auf:

> A city is an endless concatenation of architectural structures, comprised of historical ruins from the distant pas, the preserved structures of previous centuries, the more modern edifices of the contemporary period, and the superstructures of buildings in the process of being constructed for the future. In a word, a city represents the incessant flow of history from past to future [...] [57]

---

[55] Vgl. Charbonnier, Georges: *Entretiens avec Michel Butor*, Paris: Gallimard, 1967, S. 17.
[56] Butor, Michel: *Répertoire II*, Paris: Minuit, 1964, S. 96.
[57] Kolbert, 1985, S. 20.

3.2.1 Der Aufbruch

Léon ist vor Antritt der Reise genauso paralysiert wie Silvestro in *Conversazione in Sicilia*. Er fühlt sich als „homme dompté" (LM 36), der seine Freiheit verloren hat und Dinge macht, die er eigentlich nicht möchte. Dieser Eindruck drängt sich ihm verstärkt zu seinem fünfundvierzigsten Geburtstag am Mittwoch, dem 13.11.1955, auf:

> [...] Henriette, tenant toujours à ces dérisoires cérémonies familiales, y avait accordé cette année une importance particulière, dans ses soupçons plus justifiés encore qu'elle ne les croit, pensant vous retenir, vous enserrer dans ce filet de petits rites, non par amour certes, il y a bien longtemps que tout cela était fini entre vous deux [...] Quand vous êtes entré dans la salle à manger [...] quand vous avez vu vos quatre enfants debout derrière leurs places [...] vous avez eu l'impression qu'ils étaient tous entendus pour vous tendre un piège, que ces cadeaux sur votre assiette étaient un appât [...] vous vous êtes appliqué à jouer leur jeu, réussissant à vous monter presque gai, les félicitant sur leur choix, soufflant avec conscience les quarante-cinq bougies, mais bien décidé à faire cesser au plus tôt cette imposture devenue constante, ce malentendu installé. (LM 34 ff.)

Sein Leben in Paris zieht an ihm vorbei, ohne dass Léon davon Notiz nimmt. Im Alltag pendelt er nur zwischen Wohnung und Arbeitsplatz; die Dienstreisen nach Rom sind seine einzigen Abwechslungen, die ihm ermöglichen, aus dieser Routine auszubrechen. Ein Ausweg aus dieser Monotonie kündigt sich an, als Léon am Montag vor seinem Geburtstag erfährt, dass einer seiner Kunden, der Reisebüroinhaber Jean Durieu, für seine Geliebte Cécile eine Stelle als Sekretärin frei hat. Der Traum vom gemeinsamen Leben mit ihr in Paris könnte schon bald wahr werden: „[...] c'est lui [= Durieu] qui vous a fourni la clé de sa venue à Paris [...]" (LM 73). Ursprünglich wollte Léon seine Geliebte davon brieflich in Kenntnis setzen, doch aufgrund der Eindrücke an seinem Geburtstag entschließt er sich, ihr die Neuigkeit persönlich zu überbringen: „C'est très brusquement que vous avez décidé ce voyage [...]" (LM 33). Noch am Abend seines Geburtstages teilt Léon seiner Frau mit, dass ihn unvorhergesehene Umstände zwingen, außerplanmäßig vom kommenden Freitag bis Dienstag nach Rom zu fahren (LM 36 f.).

Léon reist diesmal nicht wie sonst auf den Dienstreisen in der ersten Klasse, sondern in der dritten Klasse, was Erinnerungen an seine erste Begegnung mit Cécile und seine Jugend mit Henriette weckt. Es treiben den Protagonisten jedoch nicht nur Gefühle von „sentimentalité, romantisme" (LM 72) zur Wahl der billigeren Klasse, sondern auch die Angst vor unangenehmen Fragen seiner Ehefrau, die einen Blick auf die Kontoauszüge werfen könnte. Léon konstatiert: „[...] vous n'avez pas assez de liberté en face de l'argent, sinon vous seriez en première [classe] [...]" (LM 52). Er möchte nicht, dass die Reisen mit beziehungsweise zu Cécile zu viel kosten, da er fürchtet, nicht genug Geld für die Familie zu haben (LM 73). Dies zeigt, wie stark er an bürgerlichen Konventionen hängt, wonach er für sein Vergnügen nicht zuviel ausgeben darf. Die Aussicht, bald bei seiner Geliebten zu sein, lässt ihn die Unbequemlichkeiten der dritten Klasse ertragen, zumal die Fahrt diesmal zwei Stunden und fünfzig Minuten länger dauert, da er jetzt einen anderen Zug als auf seinen Dienstreisen nimmt (LM 27, 31).

3.2.2 Die Mitreisenden

Das Zugabteil wird in *La Modification* zu einem Mikrokosmos, den Léon in seinen Gedanken konstruiert. Er vergleicht das Aussehen der anderen Fahrgäste mit seinem eigenen und schafft dadurch Interpretationsmöglichkeiten für seine Person. Ein Beispiel dafür sind seine Gedanken beim Anblick des Engländers: „[...] un peu plus âgé que vous sans doute, son crâne bien plus dégarni que le vôtre" (LM 11). Mit Ironie setzt der Protagonist die anderen Leute in seiner Imagination in das gleiche kleinbürgerliche Milieu, in dem er lebt, und stellt sich vor, dass sie die gleichen Probleme haben. So wird die Suche nach der eigenen Identität auf die anderen Reisenden projiziert, die zum Spiegel der Hauptpersonen des Romans werden.[58]

Die Jungverheirateten, die mit ihm im Abteil sitzen, verkörpern Léon und seine Frau in ihrer Jugend: „Ce ne sont pas seulement des amoureux mais de jeunes époux puisqu'ils ont tous les deux leur anneau d'or, de fraîche date, peut-être en voyage de noces [...]" (LM 9). Durch sie wird ihm bewusst, dass er mit Henriette auch schöne Momente erlebt hat, zum Beispiel auf ihrer Hochzeitsreise nach Rom. Heute sieht er in ihr nur noch die Frau, die ihm aus Gewohnheit jeden Morgen den Kaffee kocht (LM 18). Er ist überzeugt, dass die Ehe des jungen Paares genauso verlaufen wird, wie seine Ehe mit Henriette (LM 137 f.).

Später steigt eine betagte, schwarzgekleidete Dame mit einem zehnjährigen Jungen zu, die Léon an seine älter werdende Ehefrau und an seinen Sohn Tho-

---

[58] Vgl. Lalande, Bernard: *La Modification. Butor, Analyse critique*, Paris: Hatier, 1972, S. 36.

mas erinnern. Der Protagonist malt sich in seiner Phantasie aus, dass die Dame Witwe und der Junge ihr Neffe ist. Neben ihr sitzt ein Geistlicher, der die ganze Fahrt über in sein Buch vertieft ist. Er trägt eine Soutane, die ihn undurchschaubar macht, weshalb der Protagonist über ihn nicht so intensiv spekulieren kann wie über die anderen Reisenden:

> Quel déguisement qu'une soutane ! Certes, cela affiche un certain nombre de choses, mais, derrière cette déclaration, que de camouflages possibles ! Comment savoir si c'est un père jésuite par exemple, un professeur dans un collège, un curé de campagne, un vicaire de paroisse urbaine ? Sur ces plis noirs qui le revêtent et qui indiquent son appartenance à une église, qui vous assurent à peu près qu'il récite un certain nombre de prières par jour, qu'il dit sa messe, il n'y a pas le moindre indice vous révélant son genre de vie, les occupations auxquelles il passe la plus grande part de ses heures, le milieu avec lequel il est en contact. (LM 88)

Léon stellt sich vor, dass der Geistliche als Lehrer arbeitet und seinen Schülern Aufsatzthemen gibt, die sich auf ihn, den Repräsentanten einer italienischen Schreibmaschinenfirma, beziehen:

> « Imaginez que vous êtes le représentant à Paris d'une maison de machines à écrire italiennes, vous écrivez à votre directeur romain pour lui expliquer que vous avez décidé de prendre quatre jours de vacances »
> [...]
> « Imaginez que vous êtes monsieur Léon Delmont et que vous écrivez à votre maîtresse Cécile Darcella pour lui annoncer que vous avez trouvé pour elle une situation à Paris »
> [...]
> « Imaginez que vous voulez vous séparer de votre femme ; vous lui écrivez pour lui expliquer la situation »
> (LM 115)

So wird der Priester von Léon auf andere Weise als Projektionsfläche für seine Situation genutzt, da er ihn nicht in eine Familiensituation setzen kann wie einige der anderen Männer.

Einen von ihnen hält Léon für einen Juraprofessor, da sich aus den Anfangsbuchstaben des Titels seines Buches das Wort „législation" ableiten lässt. Der Ehering zeigt ihm, dass der Mann verheiratet ist. Léon malt sich aus, dass der Professor Kinder und im Vergleich zu ihm ein geringeres Einkommen hat: „Bien loin que son traitement lui permette une escapade à Rome comme celle que vous êtes en train de réaliser, il est probable qu'il aimerait, s'il en avait les moyens [...]" (LM 50).

Der Engländer ist in Léons Phantasie Weinhändler und nach Frankreich gekommen, um über die neue Ernte zu verhandeln (LM 90). Dem Mann mit dem roten Gesicht unterstellt er, Handelsvertreter zu sein und zu seiner Geliebten zu fahren. Dessen Frau weiß um die Affäre, lässt sich aber nichts anmerken, um ihre Ruhe zu haben (LM 104). Den gut gekleideten Italiener hält der Protagonist für einen Repräsentanten einer Dijoner Senffirma und stellt sich vor, dass dessen Frau ihm wie Henriette das Essen warm hält (LM 92 ff.). Eine Reisende im Speisewaggon erinnert ihn an Cécile (LM 258), ein anderer Junge an seinen Sohn Henri, eine junge Frau an seine Tochter Madeleine. So finden alle Personen aus der unmittelbaren Umgebung des Protagonisten, außer seiner Tochter Jacqueline, ihr Spiegelbild im Zug. Léon ist sich durchaus bewusst, dass er über die Mitreisenden nur spekuliert, wie das Beispiel des Engländers zeigt: „[...] d'où savez-vous qu'il est anglais, cet homme dont tout ce que vous avez le droit de dire pour l'instant c'est qu'il a l'apparence d'un Anglais [...]" (LM 46).

Wie in *Conversazione in Sicilia* sind die Mitreisenden in *La Modification* namenlos. Sie werden über Äußerlichkeiten und Gegenstände, die sie mitführen, charakterisiert: die Jungverheirateten über ihre Eheringe (LM 9), der Geistliche über sein Buch (LM 10), der Engländer über seinen Regenschirm (LM 11), der Handelsvertreter über sein in Zeitungspapier eingewickeltes Paket (LM 14), der Professor über sein Buch mit der Signatur aus der Universitätsbibliothek (LM 28), die ältere Dame über ihren Koffer aus Stroh und den Korb (LM 138), der Italiener über seine schwarzweißen Schuhe (LM 92).

Die Mitreisenden erhalten eine Scheinidentität durch Namen, die Léon ihnen gibt. Die ältere Dame nennt er nach einem Unterwegsbahnhof Madame Polliat (LM 125), ihren Neffen André nach der Kirche Sant'Andrea della Valle in Rom (LM 156), den Italiener Lorenzo Brignole nach San Lorenzo in Turin (LM 125), das junge Paar Agnès und Pierre nach Sant'Agnese in Agone und dem Petersdom (LM 125). Die Namen wirken ausschließlich innerhalb des Abteils. Léon ist sich dieser Tatsache bewusst, denn er wiederholt dreimal „celui que vous nommez [...]" (LM 47). Für ihn ist es ein Spiel, den Mitreisenden Namen zu geben:

> [...] l'activité ludique de Léon Delmont ne s'applique pas à la réalité objective, mais découle bien de sa situation subjective. [...] la nomination manifeste une volonté de faire plier le réel à une idée préconçue ou plutôt à établir une convention [...] [59]

Als Madame Polliat und der Junge aussteigen, verlassen sie nicht nur den Zug, sondern gleichzeitig auch Léons gedanklichen Mikrokosmos. Der Protagonist fragt sich, ob die Dame tatsächlich Witwe und das Kind ihr Neffe ist. Er hält es für unwahrscheinlich, dass der Zehnjährige wirklich André heißt. Später nennt Léon einen anderen Jungen wieder André, da dieser Vorname nicht mehr vergeben ist. Der Protagonist geht in seinem Namensspiel sogar soweit, die reale Identität der Mitreisenden zu ignorieren. Den Italiener nennt er weiterhin Lorenzo Brignole, obwohl sich bei der Passkontrolle herausstellt, dass dieser in Wirklichkeit Ettore Carli heißt (LM 159).

Butor lehnt sich mit dem Namensspiel an Marcel Proust an, der in *A la recherche du temps perdu* im Kapitel *Nom de pays: le nom* von *Du côté de chez Swann* über Namen und deren Wirkung philosophiert: „[...] les noms présentent des personnes [...]."[60] Auffälligerweise leitet Léon die Namen für die meisten Mitreisenden von Kirchen ab, wodurch suggeriert wird, dass bei ihm unbewusst religiöse Bindungen vorhanden sind. Dies wird noch deutlicher durch zwei andere Reisende, die er auf dem Gang trifft. Den einen vergleicht er wegen seines Bartes mit Hesekiel, den anderen mit Zacharias (LM 183, 192).

Während der Fahrt kommuniziert Léon nicht mit den Mitreisenden und wünscht auch keine Konversation. Als Pierre sich ihm in Erwartung eines Gesprächs zuwendet, dreht er sich weg (LM 29). Léon gibt sich die ganze Zeit seinen Gedankenspielereien und Träumen hin.

3.2.3 Paris-Rom: mehr als nur eine Bahnreise

In *La Modification* wird die Beschreibung der Zugfahrt durch zahlreiche Vor- und Rückblicke, die als imaginäre Zeitreisen bezeichnet werden können, unterbrochen. Das Werk wird dadurch vielschichtiger: „Der Roman läßt sich lesen als die Be-

---

[59] Maréchal, Dominique: *Virgile et Michel Butor. De l'épopée mythique au roman épique*, masch. Diss., Université de Haute Bretagne Rennes 2, 1994, S. 88.
[60] Proust, 1987, S. 380.

wußtwerdung eines Gartens sich verzweigender Pfade anstelle jener Utopie der Eigensinnigkeit, wie sie die Bahngleise suggerieren."[61]

Patricia Struebig unterscheidet drei parallel stattfindende Fahrten. Während Reise 1 - „trajet *actuel* de Paris à Rome" - erklärt Léon, dass er des Lebens in Paris als Ehemann und Familienvater überdrüssig geworden ist und daraus ausbrechen möchte. Er fährt nach Rom in der Hoffnung, sich zu erholen und seine verlorene jugendliche Frische in der Nähe seiner Geliebten wiederzufinden. Reise 2 – „trajet *imaginé* pour ramener Cécile à Paris" - läuft ausschließlich im Kopf des Protagonisten ab. Er spielt die Folgen seines jetzigen Besuchs in der italienischen Hauptstadt durch, denn diesmal hat er die Absicht, seine Geliebte mit nach Paris zu nehmen. Léon glaubt, durch diesen Schritt sein bisheriges monotones Leben hinter sich lassen und als verjüngter Liebhaber noch einmal von vorne anfangen zu können: „Ce voyage devrait être une libération, un rajeunissement, un grand nettoyage de votre corps et de votre tête [...]" (LM 23). Er betrachtet die symbolische Verschmelzung von Paris und Rom als einen Akt der Selbstbefreiung. Reise 3 – „trajet *projeté* de la vie future de Léon" – vollzieht sich ebenfalls nur auf gedanklicher Ebene und beinhaltet die Konsequenzen aus dem Erkenntnisgewinn. Der Protagonist realisiert, dass alles, was er in Rom sucht, auch in Paris zu finden ist. Sein neues Leben könnte so aus seinem alten entstehen.[62]

Bei näherer Betrachtung des Schemas von Patricia Struebig fällt auf, dass es nur auf Gegenwart und Zukunft ausgerichtet ist. Es fehlt der Blick in die Vergangenheit, denn „[...] le réel ne comprend pas seulement ce qui est donné à voir, mais aussi ce dont on se souvient, ce qu'on rêve, qu'on regrette ou qu'on espère."[63] Deshalb ist eine vierte Reise, die als „trajet *vers la mémoire*" bezeichnet werden kann, hinzuzufügen. Durch die Erinnerungen macht sich Léon bewusst, dass er alles, was er im Augenblick von seiner Geliebten erwartet, schon vor zwanzig Jahren mit seiner Ehefrau erlebt hat. Für einen Neuanfang mit Henriette muss der Protagonist seine eigene Vergangenheit aufarbeiten. Dies ist auch für

---

[61] Kuhn, Barbara: *A la recherche du livre perdu. Der Roman auf der Suche nach sich selbst. Am Beispiel von Michel Butor: La Modification und Alain Robbe-Grillet: La Jalousie*, Bonn: Romanistischer Verlag, 1994, S. 43.
[62] Vgl. Struebig, Patricia: *La Structure mythique de La Modification de Michel Butor*, New York: Peter Lang, 1994, S. 47 f.
[63] Roudaut, Jean: *Michel Butor ou le Livre futur*, Paris: Gallimard, 1964, S. 80.

ein Zusammenleben mit Cécile unerlässlich. Erst wenn ihm dies klar ist, kann er für seine Person die Konsequenzen ziehen, denn die Gestaltung seiner Zukunft, ob mit der Geliebten oder der Ehefrau, ist nur nach Rückbesinnung und Bewertung der Vergangenheit möglich.

Die oben beschriebenen vier imaginären Zeitreisen des Protagonisten unterstreichen das permanente Gleiten von *La Modification* zwischen Erinnerung und Realität, zwischen Vergangenheit und Gegenwart sowie zwischen Wirklichkeit und Möglichkeit.[64] Bereits der erste Satz des Romans verdeutlicht das Spiel der Zeiten, denn er enthält „passé composé" und „présent": „Vous avez mis le pied gauche sur la rainure de cuivre, et de votre épaule droite vous essayez en vain de pousser un peu plus le panneau coulissant" (LM 7). Butor verwendet in *La Modification* niemals das „passé simple", das Erzähltempus par excellence, das nur zur Wiedergabe in der Vergangenheit abgeschlossener, mit der Gegenwart nicht mehr in Verbindung stehender Handlungen gebraucht wird. Auf diese Weise soll gezeigt werden, dass die Erinnerungen immer wach gehalten und in die Gegenwart integriert werden müssen.

An die vier Zeitreisen knüpft sich die innere, auf Zeitschichten aufbauende Struktur des Romans, die durch ein Buchstabensystem dargestellt werden kann. Butor äußerte sich in Ansätzen selbst darüber:

> Dans mes travaux préparatoires, j'appelais « A » la première voix, le présent narratif, c'est à dire le trajet de Paris à Rome ; j'appelais « B » la deuxième voix, le passé récent, cette voix rétrograde qui va remonter le temps et raconter ce qui s'est passé avant le départ de Paris. Le premier chapitre se déroule en trois mouvements : A-B-A. Dans le chapitre suivant, j'ajoutais une troisième voix, « C », celle qui fait des projets ; il a donc la forme suivante : A-B-C-B-A. Et ainsi de suite, avec cette série de parenthèses emboîtées les unes dans les autres.[65]

In Anlehnung an dieses Prinzip differenziert Françoise van Rossum-Guyon fünf Zeitebenen:

> A : le présent ;
> B : le futur ;
> C : le passé proche ;
> D : le passé avec Cécile, il y a deux ans et il y a un an ;
> E : le passé avec Henriette il y a trois ans et il y a vingt ans.[66]

---

[64] Vgl. Butor, 1996, S. 97.
[65] Ebd., S. 93.
[66] Rossum-Guyon, Françoise van: *Critique du roman*, Paris, Gallimard: 1970, S. 248.

Darauf aufbauend ergibt sich das untenstehende Schema, das für jedes Kapitel von *La Modification* die darin vorkommenden Zeitschichten aufzeigt. Es fällt sofort auf, dass jedes von ihnen mit der Gegenwart beginnt und endet. Zudem wird die Struktur des Romans mit Fortschreiten der Handlung komplexer. Das erste Kapitel ist nur aus zwei Zeitebenen aufgebaut; in den nächsten Kapiteln kommt je eine weitere Ebene dazu, bis alle fünf durchlaufen werden, was sich bis zum Ende des Romans nicht mehr ändern wird.

Kapitel	Zeitebenen
I	A C A
II	A B C B A
III	A B C D C B A
IV	A B C B A C D C A D E D A
V	A B C D C B A C D E D C A
VI	A B C D C A C D E D A
VII	A B C D A C D E A
VIII	A B C A C D A D E A
IX	A B A C A D A E A[67]

Im Text werden die einzelnen Zeitebenen durch Schlüsselsätze mit Beschreibungen der vorbeiziehenden Landschaft oder des Abteils und durch Leerzeilen wie über Weichen verbunden. Aus der Vielzahl der gedanklichen Reisen entsteht so aus dem einen Gleis Paris–Rom ein imaginäres Netz von Gleisen. Zudem hat Butor durch den häufigen Gebrauch von Kommata und Semikola extrem lange Sätze geschaffen und dadurch den Textfluss gesteigert. Der gesamte Text des Romans ähnelt so der Eisenbahn. Außerdem drängt sich bei der Lektüre von *La Modification* unweigerlich der Gedanke an *A la recherche du temps perdu* auf. In der Tat gesteht Butor, sich nur an die manchmal mehr als eine Buchseite einnehmenden Sätze herangewagt zu haben, weil Proust schon vor ihm in diesem Stil geschrieben hat, und erklärt im Interview mit Paul Guth, dass er Prousts Werke studiert hat: „*En Angleterre, je lui ai consacré des conférences. Je me suis efforcé d'en tirer des leçons.*"[68]

Gisela Thiele unterscheidet sieben verschiedene Zeitschichten, denn sie unterteilt noch einmal die Cécile und Henriette betreffenden Vergangenheitsebenen in nähere und ferne Vergangenheit. Vgl. Thiele, Gisela: *Die Romane Michel Butors*, Heidelberg: Winter, 1975, S. 134.
[67] Rossum-Guyon, 1970, S. 249.
[68] Guth, Paul: „1926-1957: ou Les Modifications de Michel Butor", in: *Le Figaro Littéraire* (Nr. 607 vom 07.12.1957), S. 4, Kursivdruck im Original.

In *La Modification* ist nicht nur der Stil, sondern auch die Gliederung des Romans an die Eisenbahn gebunden. Jedesmal, wenn Léon das Abteil verlässt, beginnt ein neues Kapitel. Durch die Abgeschlossenheit des Zugabteils entsteht ein doppelter Raum: „[...] un espace clos, le compartiment - le plus significatif -, se mouvant dans un espace ouvert, la ligne Paris-Rome."[69] Lediglich die Fenster ermöglichen einen Blick nach draußen. Dies bietet Butor die Gelegenheit, die vorbeiziehende Landschaft in einer neuen Art und Weise zu beschreiben:

> Mais le fait d'être dans un train permet aussi décrire les paysages d'une façon nouvelle, car la vision change : elle devient entièrement latérale. Les fenêtres se présentent comme des écrans successifs et l'on glisse le long du décor, alors que dans une voiture, on s'y enfonce. Le spectacle ferroviaire m'a donc contraint à raconter les choses différemment, à décrire autrement les panoramas, en modifiant l'angle du regard : c'était passionnant.[70]

Je nach Lichteinfall kann das Fenster aber auch als Spiegel wirken, so dass der Reisende gezwungen wird, sich mit sich selbst auseinanderzusetzen. Patricia Struebig entwickelt daraus ein Wechselspiel aus Mobilität (fahrender Zug), Immobilität (Léon im Abteil) und Reflexionen (Léon, der sucht). Die Interdependenz dieser Begriffe verdeutlichen folgende Gleichungen:

Mobilité + Immobilité = Quête;
Mobilité + Quête = Immobilité;
Immobilité + Quête = Mobilité.[71]

Im ersten Fall sitzt der Protagonist im Zug und reflektiert über sein Leben, im zweiten zwingt ihn das Nachdenken während der Fahrt zum Stillsitzen. Die dritte Gleichung zeigt, dass Léon durch das Hinterfragen seiner eigenen Person und seiner Wünsche auf ein neues Leben zusteuern könnte. Allerdings beschäftigt er sich bevorzugt damit, wie er den gesellschaftlichen Konventionen gerecht werden kann, anstatt auf seine eigenen Bedürfnisse einzugehen. Er handelt nach den allgemein geltenden Verhaltensnormen, wodurch er sich in diese missliche Lage manövriert hat.

---

[69] Morcos, Gamila: „La descente aux Enfers dans 'La Modification' de Butor et 'l'Enéide' de Virgile", in: *Dalhousie French Studies* 16 (Spring/Summer 1989), S. 84.
[70] Butor, 1996, S. 96.
[71] Struebig, 1994, S. 60.

3.2.4 Léon zwischen Paris und Rom beziehungsweise Henriette und Cécile

In *La Modification* definiert sich Léon sowohl über Rom als auch über Paris, das seinen Alltag darstellt: Die Wohnung der Familie liegt an der Place du Panthéon, die Scabelli-Vertretung befindet sich in der Avenue de l'Opéra. Die Gare de Lyon symbolisiert das Verlangen nach Rom, das mit der Sehnsucht nach Cécile identisch ist. Mit Paris verbindet Léon sein Alter und die langweilige Ehe mit seiner alternden Frau, die seiner Meinung nach in ihren Gewohnheiten und moralischen Grundsätzen festgefahren ist. Henriette hat ihren Reiz für ihn verloren, da sie sich im Laufe der Zeit zur Hausfrau gewandelt hat:

> [...] vous avez vu Henriette arriver en s'essuyant les mains à son tablier gris. Elle attendait que vous l'embrassiez comme toutes les autres fois, mais vous vous refusiez à prolonger plus longtemps cette comédie [...] (LM 78)

Paris erscheint als Stadt der Zwänge beziehungsweise unzulänglicher Kompromisse. Deutlich wird dies am Spaziergang, den Léon mit Cécile machen wollte, als sie ihren Urlaub in der französischen Hauptstadt verbracht hatte. Das rechte Ufer der Seine schied aus, dort befindet sich die Scabelli-Vertretung. Am linken Ufer bestand das Risiko, auf Henriette zu treffen. Also blieben nur die Inseln – ein sehr kleines Gebiet.

Rom ist für Léon im Gegensatz zu Paris „le lieu d'authenticité" (LM 146). Er verbindet die ewige Stadt mit Freiheit und seiner jungen, schönen, eleganten Geliebten, mit der er hier seine zweite Jugend erlebt: „[...] votre première jeunesse véritable, encore intacte" (LM 221). In Céciles Gegenwart wird Léon zum jungen Mann wie vor zwanzig Jahren mit Henriette. Er geht einerseits mit der Geliebten Arm in Arm spazieren und fürchtet andererseits, lächerlich zu wirken (LM 111). Als er sie das erste Mal küsst, kehrt die Schüchternheit des jungen Mannes zurück (LM 121). Cécile bewundert ihn, hört ihm aufmerksam zu und lässt ihn spüren, welche Faszination er auf sie ausübt, was er genießt (LM 68). Es scheint, als würde die Beziehung der beiden unter dem besonderen Schutz der Liebesgöttin Venus stehen, die gleichzeitig die Schutzpatronin Roms ist.[72]

---

[72] Vgl. Jullien, Dominique: „,Rome n'est plus dans Rome': Mythe romain et intertexte chez Michel Butor", in: *The Romantic Review* 85 (1994), S. 299.

Cécile Darcella ist circa dreißig Jahre alt und arbeitet als Sekretärin in der französischen Botschaft. Léons Liebe zu ihr ist untrennbar von Rom, denn sie ist die Personifikation des Mythos der Stadt: „[...] vous n'aimez véritablement Cécile que dans la mesure où elle est pour vous le visage de Rome [...]" (LM 238). Diese Abhängigkeit wird durch ihre Aussage „[...] je ne suis que ton amie romaine [...]" (LM 97) und durch das Anagramm „Roma ⇔ Amor" verdeutlicht. Léon kommt selbst zu der Erkenntnis: „[...] si elle vient à Paris, je la perds [...]" (LM 190). Das Paar hat demzufolge in Paris keine Chance. So wird schon zu Beginn der Beziehung das Ende antizipiert, denn Cécile steht unter dem Zeichen des Todes.[73] Zum einen spielt ihr Vorname auf die als Märtyrerin gestorbene Heilige Cäcilie an, zum anderen ist sie Witwe, denn ihr Ehemann verstarb zwei Monate nach der Hochzeit bei einem Autounfall. Darüber hinaus gibt es noch ein drittes Todeszeichen: Léon und Cécile verbrachten ihre erste Liebesnacht nach der Besichtigung des Grabes der Cecilia Metella (LM 120 ff.).

Auffälligerweise wird Rom von Léon nie beschrieben; die Stadt existiert nur in seinen Erinnerungen und Vorstellungen. Er kreiert ein bipolares Bild der Metropole, da er dem christlichen Rom das heidnisch-antike gegenüberstellt.[74] Ersteres hat er einst mit seiner Frau besucht, durch letzteres führt ihn Cécile, da sie christliche Einflüsse ablehnt, die sie mit Henriette assoziiert. Aus diesem Grund weigert sie sich, den Vatikan zu betreten:

> [...] cette cité représentait pour elle depuis votre rencontre et avec quelque apparence de raison, si sincères que fussent vos protestations de liberté d'esprit, tout ce qui vous empêcherait de vous séparer d'Henriette, tout ce qui vous interdisait de recommencer votre vie, de vous débarrasser de ce vieil homme que vous étiez en train de devenir. (LM 96)

Léon vermutet, dass seine Frau einer Trennung nicht zustimmen würde: „[...] c'est elle qui a une éducation religieuse et bourgeoise, et elle ne cherche nullement à s'en débarrasser [...]" (LM 177). In Wirklichkeit ist er es, der sich nicht lösen kann und deshalb vorgibt, Henriette hätte, obwohl sie die Trennung ebenso wünscht, Angst vor Veränderungen und fürchte den Verlust ihres Lebensstandards sowie die Mitleidsbekundungen ihrer Freundinnen (LM 35, 81). Cécile macht Léon darauf

---

[73] Vgl. Fauvel, Maryse: „La Modification de Butor: livre-musée en mutation", in: *Romance Notes* 36 (1995/1996), S. 184.
[74] Vgl. Giesenhagen, Elisabeth: *Stadtvisionen in der französischen Erzählliteratur des 20. Jahrhunderts*, Frankfurt: Peter Lang, 2002, S. 81.

aufmerksam, dass er nicht mehr so viel Bedeutung für seine Frau hat, wie er glaubt. Sie behauptet sogar: „[...] elle [= Henriette] baise les pieds de celle qui te prend à elle [...]" (LM 189). Léon ist viel zu passiv, um die Scheidung einzureichen: „[...] à ce moment-là vous n'aviez pas encore fait aucune démarche en ce sens, tout cela demeurait à l'état de projet imprécis et vous en remettiez l'exécution de semaine en semaine [...]" (LM 98). Der Protagonist fürchtet sich vor dem letzten Schritt und redet sich ein, dass seine Frau das Abhängigkeitsverhältnis schürt, um ihn von der Trennung abzuhalten:

> [Elle veut] vous faire sentir que vous aviez besoin d'elle, non point sur le plan de l'amour, il était trop tard, mais sur celui de toutes ces petites questions matérielles. C'était toujours cette même politique pour vous empêcher de faire le saut [...] (LM 80 f.)

Er gibt außerdem vor, sich nicht scheiden lassen zu können, um einen Skandal in der Firma zu vermeiden. Da Léon die Trennung immer wieder hinauszögert, wirft seine Geliebte ihm vor: „Tu es pourri de christianisme jusqu'aux moelles, malgré toutes tes protestations [...]" (LM 168). Laut Butor ist das Verhältnis zur katholischen Kirche eines der Elemente, über die die Situation einer Person definiert werden kann, da jeder Franzose mit der katholischen Kultur aufgewachsen ist. Deshalb kann er als Schriftsteller diesen Punkt in seinen Romanen nicht unberücksichtigt lassen.[75]

Im Laufe der Zeit wird sich Léon bewusst, dass Cécile ihm in gewisser Weise eine eigene Beziehung zur Religion unmöglich macht, denn sie weigert sich, in die Sixtinische Kapelle zu gehen. Ihr Alternativvorschlag, die Mosesskulptur in der Kirche San-Pietro-in-Vincoli anzuschauen, kann sein inneres Bedürfnis nicht befriedigen:

> [...] vous sentiez en allant d'un lieu à l'autre, d'une œuvre à une autre, que quelque chose d'essentiel vous manquait, quelque chose qui était à votre disposition mais qu'il vous était interdit de voir à cause de Cécile, dont vous ne vouliez pas lui parler, mais dont vous saviez

---

[75] Vgl. Aubyn, Frederic C. St.: „Entretien avec Michel Butor", in: *The French Review* 36 (1962/1963), S. 18.
Siehe dazu auch: Butor, Michel: *Répertoire III*, Paris: Minuit, 1968, S. 23:
„Toute la civilisation occidentale moderne se constitue à partir du christianisme, c'est-à-dire que pour chacun d'entre nous, quels que soient les convictions ou les doutes auxquels il est arrivé personnellement, tous les faits, toutes les connaissances se disposent d'abord par rapport à un schéma historique qu'il n'est certes pas facile de caractériser en quelques lignes, mais dans lequel jouent de grandes oppositions comme celle entre l'Ancien et le Nouveau Testament, entre le monde antique gréco-romain et le judéo-chrétien, entre la romanité païenne puis chrétienne et le reste de l'univers."

> bien qu'elle y pensait aussi, hantés tous les deux par ces prophètes et ces sibylles, par ce Jugement absent, conscients tous deux de l'absurdité de vos promenades cette fois, silencieux tous deux sans avoir nul besoin d'exprimer l'accord de votre déception, de vous dire l'un à l'autre : « Oui, le Moïse, mais en dehors… » puisque vous ne saviez que trop bien tous les deux ce qu'il y avait d'autre à Rome que ce Moïse, goûtant honteusement, douloureusement l'amertume de ce qui ne pouvait être nommé que votre lâcheté à tous les deux […] (LM 173 f.)

Die Frage nach der Religion beschäftigt den Protagonisten während der Fahrt auch in seinen Träumen. Kurz vor dem Ende der Reise sieht er in einer Vision eine Prozession von Kardinälen, die ihm leise zuflüstern: „Pourquoi prétends-tu nous haïr ? Ne sommes-nous pas des Romains ?" (LM 260). Schließlich spricht der Papst höchstpersönlich zu ihm:

> « O toi, paralysé au milieu de l'air à mes pieds, incapable de remuer tes lèvres et même de fermer tes paupières pour échapper à mon apparition […] pourquoi prétends-tu aimer Rome ? Ne suis-je pas le fantôme des empereurs, hantant depuis des siècles la capitale de leur monde aboli, regretté ? » (LM 261)

Léon wird so angeregt, auch die christliche Seite der Stadt in seinen Rom-Mythos einzubeziehen.[76] Äußeres Zeichen der Wandlung ist der Entschluss, den Vatikan allein zu besuchen. Dies antizipiert noch einmal seine Trennung von Cécile, denn es ist die „cérémonie de son absence" (LM 85).

Anfänglich glaubt der Protagonist, Paris und Rom verschmelzen zu können, indem er seine Geliebte zu sich holt. Er betont, dass er in Gegenwart seiner Frau von Cécile und in Paris von Rom träumt (LM 60). Die Unmöglichkeit, beide Städte zu vereinen, wird angedeutet, als er in Paris Spaghetti Bolognese und einen Espresso bestellt, die geschmacklich nicht mit dem italienischen Original vergleichbar sind (LM 71, 75). Der Plan, über sensuelle Stimuli sich sein Rom in Paris zu schaffen, scheitert. Unverkennbar ist diese Stelle ebenfalls von der Madeleine-Szene aus Prousts *A la recherche du temps* perdu beeinflusst: „Dans l'épisode de la Madeleine, c'est le goût qui est en jeu […]."[77]

Nur die Kunst ermöglicht Léon, die eine Stadt in der anderen zu evozieren. In Rom bewundert er in Céciles Zimmer Fotografien von Pariser Sehenswürdigkeiten. Nach der Rückkehr von der letzten Romreise geht Léon nicht sofort ins Büro, sondern spaziert wie ein italienischer Tourist durch die Pariser Innenstadt. Da-

---

[76] Bambeck, Manfred: „Der Rommythos in Butors Roman ‚La Modification'", in: *Germanisch-romanische Monatsschrift* 61 (1980), S. 340 f.
[77] Butor, Michel: *Répertoire I*, Paris: Minuit: 1960, S. 168.

durch möchte er den Eindruck verlängern, noch nicht ganz zurückgekehrt zu sein (LM 61 f.). Er betrachtet die Italienbilder im Schaufenster der Reisebüros und geht in den Louvre, wo er sich Gemälde der italienischen Künstler Guardi, Magnasco und Pannini sowie Ansichten des antiken Roms anschaut: „[...] galerie de vues de la Rome antique [...], où vous vous amusiez à reconnaître le Colisée, la basilique de Maxence, le Panthéon [...]" (LM 65). Die Kunst hilft dem Protagonisten, sich vergangene Zeiten gegenwärtig zu machen:

> Art makes the past present and causes total recall through necessary research. It is a prime mediator between men as it stands midway between mythical ground and outer reality. Its primary function is to reveal origins while indicating a future path which all will follow in common. It must also mediate between primitive and sophisticated elements.[78]

Seine Faszination für das antike Rom zeigt, dass Léon an der Vergangenheit hängt und hofft, in der italienischen Hauptstadt die Orientierung zu finden, die er in der modernen Welt verloren hat: „[Der Protagonist] sucht nach dem entschwundenen Ideal einer jungen, einheitlichen und überschaubaren Welt unter einer festen weltanschaulichen Autorität."[79] Deshalb möchte er zur *pax romana* (LM 279) zurückkehren und etwas wiedererwecken, das nicht mehr existiert. Léon erinnert in diesem Punkt an den letzten römischen Kaiser Julian Apostata, dessen Briefe in seinem Bücherregal stehen (LM 277). Dieser war ein „exilé en son propre temps"[80], denn er versuchte, das Christentum durch das Heidentum zu ersetzen und somit etwas wieder einzuführen, was längst überholt war.[81]

Das moderne Leben, das aufgrund neuer naturwissenschaftlicher Erkenntnisse und technischer Errungenschaften wesentlich bequemer, aber auch komplexer geworden ist, scheint Léon zu überfordern. Er lehnt die Moderne ab; selbst an einen elektrischen Rasierapparat konnte er sich nie gewöhnen (LM 93). Der Protagonist steht so symbolisch für die Menschen, die in einer modernen Stadt den Halt verloren haben: „Butor consistently expresses the moral malaise of the modern metropolis dweller: the split between nature and nurture, the lack of relevancy of

---

[78] Bloch, Adèle: „Michel Butor and the Myth of Racial Supremacy", in: *Modern Fiction Studies* 16, 1 (1970), S. 59.
[79] Giesenhagen, 2002, S. 80.
[80] Butor, Michel: *Essais sur les Essais*, Paris: Gallimard, 1968, S. 131.
[81] Vgl. Chavdarian, Seda A.: „Michel Butor's *La Modification*: The Revolution from Within", in: *International Fiction Review* 13, 2 (Winter 1986), S. 4.

his culture."⁸² Léon hat es nicht geschafft, sich an die Gegenwart anzupassen und wird wie das antike Rom „untergehen":

> He perceives that the memory of the Roman Empire, for so many centuries in the ascendency in Europe, no longer suffices to form a pattern for the world of the future and that his own dream of making Paris such a center of dominion, therefore, must inevitably be shattered [...] ⁸³

Am Ende der Reise erkennt der Protagonist, dass er nur mit dem leben kann, was beide Städte verkörpern. Der in Rom verjüngte Léon kann seine Pariser Vergangenheit nicht verleugnen. Sein tägliches Einerlei zu Hause ist nur zu vermeiden, wenn er seine und Henriettes Jugendlichkeit wiederentdeckt. Das heißt, Léon muss sich selbst verändern und seine Frau mit anderen Augen betrachten, schließlich ist auch er kein junger Mann mehr. Aus dieser Erkenntnis resultiert die Trennung von Cécile, die in ein paar Jahren eine zweite Henriette sein wird (LM 278 f.). Schon während Léons früheren Romaufenthalten deutet sich diese Entwicklung an, da sie meint, für ihn kochen zu müssen: „Si j'avais su que je te rencontrerais, j'aurais préparé à dîner à la maison" (LM 266). In ihrer eheähnlichen Lebensgemeinschaft, die sie in Paris führen würden, träten früher oder später die gleichen Probleme wie in einer Ehe auf. Außerdem verbündet sich die Geliebte mit seiner Frau gegen ihn, als sie in Paris zu den Delmonts zum Essen kommt: „[...] Cécile, votre secours, vous trahissait, passait du côté d'Henriette [...]" (LM 187). Die Ähnlichkeit der beiden Frauen zeigt sich auch durch ihre Frisuren: Cécile trägt die gleichen Zöpfe, wie sie Henriette vor Jahren hatte (LM 91). Später erscheint die Geliebte in einem von Léons Alpträumen mit dem gleichen Gesichtsausdruck, den er an seiner Frau hasst: „[...] c'était son visage de méfiance et de reproche qui était revenu dans votre sommeil pour vous tourmonter [...]" (LM 106). Darüber hinaus wird er sich bewusst, dass er von Cécile genauso „dressiert" wird wie von seiner Frau, denn sie sagt ihm offen: „[...] je t'ai bien aidé, avoue-le, à ressembler à cet homme libre et sincère que malgré tout tu rêves d'être [...]" (LM 154). Cécile möchte nicht den infantilen Léon haben, sondern genießt es geradezu, ihn in ei-

---

⁸² Bloch, 1970, S. 57.
Eine ähnliche These vertritt Jean H. Duffy: „There are no longer any absolute guidelines about how one should conduct one's life, no depository of values that is universally recognised."
Siehe: Duffy, Jean H.: Butor. La Modification, London: Grant & Cutler, 1990, S. 27.
⁸³ Wilson, Clotilde: „La Modification or Variations on a Theme by Mme de Staël", in: The Romantic Review 55 (1964), S. 280.

nen Mann zu transformieren, was Henriette ihrer Meinung nach nicht gelungen ist (LM 179). Ferner gesteht sich Léon ein, dass das Zusammenziehen mit der Geliebten sie mit den Problemen eines jungen Paares konfrontieren würde (LM 100). Es ist durchaus fraglich, ob Léon diesen Stress noch einmal auf sich nehmen möchte.

3.3 Vergleichende Betrachtung

Die Ausführungen haben gezeigt, dass *Conversazione in Sicilia* und *La Modification* eine Reise als zentrales Thema haben und dennoch verschieden konzipiert sind. Bei Vittorini ist die Zugfahrt nur ein Teil der Reise des Protagonisten, während Butors Roman ausschließlich die Bahnfahrt zum Inhalt hat. Silvestro und Léon befinden sich zu Beginn der Handlung in einem Zustand innerer Starre, der bei dem Schriftsetzer auf politische Umstände und bei dem Repräsentanten der Schreibmaschinenfirma auf seine häusliche Situation zurückzuführen ist. Silvestro erhält durch den Brief seines Vaters, der ihn auffordert, zur Mutter zu fahren, einen äußeren Impuls zur Reise. Ursprünglich hat er nicht die Absicht, dieser Bitte nachzukommen; erst nach den Erlebnissen am Bahnhof entschließt er sich spontan, den nächsten Zug nach Sizilien zu nehmen. Er weiß allerdings noch nicht, was ihm die Fahrt bringen wird. Léon hingegen entscheidet sich nach den negativen Eindrücken an seinem Geburtstag zur Romreise, tritt die Fahrt jedoch erst zwei Tage später an. Er fährt mit der Absicht los, sein altes Leben hinter sich zu lassen und mit Cécile noch einmal von vorne anzufangen. Erst im Verlauf der Reise wird ihm die Möglichkeit bewusst, mit seiner Ehefrau ein neues Leben zu beginnen, wenn er in Henriette die frühere Geliebte wiederentdeckt.

In *Conversazione in Sicilia* spielen die Menschen, die Silvestro auf Sizilien trifft, eine entscheidende Rolle für seine Bewusstwerdung. Im Roman konzentriert sich alles auf die Insel, den Ort seiner Kindheit. Die Mitreisenden, deren Namen der Protagonist aus ihrer äußeren Erscheinung ableitet, machen ihn auf die sizilianischen Verhältnisse aufmerksam, so dass Silvestro zunehmend sensibler wird für das, was um ihn herum geschieht. Schon nach der Begegnung mit dem Gran Lombardo zeigt sich der Beginn seiner inneren Wandlung, da er versucht, den Polizisten Senza Baffi zu beeinflussen, seinen Beruf aufzugeben. Von da an vollzieht sich Silvestros Bewusstwerdung mehr oder minder geradlinig. Die Gespräche mit seiner Mutter über Kindheitserlebnisse, seinen Vater, den Großvater und den Landstreicher lassen ihn nicht nur noch einmal die Vergangenheit durchleben, sondern ermöglichen ihm, klarer zu verstehen, was mit den „altri doveri" des Gran Lombardo gemeint ist. Der Protagonist gelangt vom Erkennen des Problems zum Handeln; er wird sich bewusst, dass etwas getan werden muss, weiß aber noch nicht was und sucht nach Lösungen. Die Begegnung mit Calogero, Ezechiele, Porfirio und Colombo bringt ihm keine neuen Erkenntnisse, zeigt ihm aber, was nicht funktioniert. Der Scherenschleifer ruft zur Revolution auf, überträgt die Verantwortung jedoch auf andere, obwohl jeder einzelne etwas gegen die Missstände unternehmen muss. Ezechiele schreibt als Selbstrechtfertigung, etwas getan zu haben, das Leid der Welt auf. Zumindest der Nachwelt können seine Aufzeichnungen nutzen. Porfirios „l'acqua viva" und der Wein Colombos bieten auch keine Lösung, denn sie halten den Menschen passiv. Erst Liborio verhilft Silvestro zur entscheidenden Erkenntnis, dass die gefallenen Soldaten im Tod keine Ruhe finden werden, solange sie zu Helden stilisiert werden, obwohl sie eigentlich Opfer sind. Silvestro hat die „parole suggellate", die versiegelten Wörter, aus eigener Kraft entschlüsselt und gibt vor der Bronzestatue dieses Wissen weiter, das heißt, er hat seine innere Teilnahmslosigkeit vollkommen überwunden und ist nun in der Lage, anderen zur Erkenntnis zu verhelfen.

In *La Modification* wird die Fahrt für Léon ebenso wie für Silvestro eine Reise in die Vergangenheit. Im Gegensatz zu dem Schriftsetzer, der vor der Fahrt zu überhaupt keiner Erinnerung fähig ist, verdrängt er seine Vergangenheit partiell; in bezug auf seine Ehefrau erinnert er sich bevorzugt an die negativen Erlebnisse und blendet die positiven aus, umgekehrt verhält es sich mit den Gedanken an Cécile. Während der Zugfahrt projiziert Léon aus der Gegenwart, mit der er nicht zufrieden ist, seine Zukunft mit der Geliebten, durchlebt noch einmal in Gedanken die Vergangenheit sowohl mit Henriette als auch mit Cécile und kommt zu dem Schluss, dass er das gemeinsame Leben mit der Geliebten zu sehr idealisiert hat. Daraus folgt die Trennung von Cécile und die Projektion einer gemeinsamen Zukunft mit seiner Frau. Léon bleibt während der ganzen Reise in seiner an das Abteil gebundenen Gedankenwelt, die er mit dem Hinausgehen aus dem Abteil verlässt. *La Modification* fokussiert so auf die Vorgänge im Kopf des Protagonisten. Im Gegensatz zu Silvestro kommuniziert Léon nicht mit den Menschen in seinem Abteil, sondern spekuliert nur über sie, ihre Familienverhältnisse, ihre Berufe etc. und gibt ihnen Namen, die er von Kirchen ableitet und so unbewusst seine religiösen Bindungen offenbart, die er selbst nicht wahrhaben will.

Zusammenfassend ist festzustellen, dass Léon in seiner Entwicklung nicht so weit kommt wie Silvestro. Er wagt nicht, aus allen Konventionen auszubrechen und sich scheiden zu lassen. So entsteht der Eindruck, als wolle er Auseinandersetzungen aus dem Wege gehen und nach Gründen suchen, sich nicht trennen zu müssen.

4 Abstieg in die Unterwelt

Um geistig zu reifen, müssen beide Protagonisten in die Hölle hinabsteigen, was in *Conversazione in Sicilia* und in *La Modification* durch die Fahrt nach Süden symbolisiert wird. Es handelt sich um ein Ritual, das wie „[...] every initiatory ritual symbolizes the descent of a human being into the innermost dephts of his self, from where he returns endowed with a new consciousness of himself and the world."[84]

Vor diesem Hintergrund ist für Silvestro vor allem der erste Teil des Rundgangs mit der Mutter und für Léon die gesamte Zugfahrt eine symbolische Reise in die Unterwelt, denn sie haben in ihrem momentanen psychischen Zustand die Schwelle zum Tod im übertragenen Sinne bereits überschritten. Léons Zielbahnhof „Roma-Termini", dessen Name sich wahrscheinlich von der römischen Gottheit Terminus (Grenzstein) ableitet, wird sinnbildlich zur Endstation seines bisherigen Lebens.

Damit die Protagonisten Fortschritte in der Zukunft machen können, müssen sie gedanklich in die Vergangenheit zurückgehen. Um dies zu verdeutlichen, bedienen sich Vittorini und Butor der Mythologie. In *Conversazione in Sicilia* erscheinen die einzelnen Stationen der Reise als mythische Repräsentanten von Ursituationen. Es ist bemerkenswert, dass die mythischen Elemente in diesem Roman ein so großes Gewicht haben, da der Autor damit die Demystifizierung des Mythos darstellen wollte:

> *Conv.* [= *Conversazione in Sicilia*] azione dinamica di forze elementari, intese come scaturenti dall'anima popolare, ma *contestate nell'atto stesso in cui vengono evocate* perché si vuole *demistificarle* e disoccultarle di tutto ciò che è stato *miticamente* accumulato su di esse – demistificarle dialetticamente prima di innalzarle a principi nuovi [...][85]

Mythen sind Ausdruck kollektiver Erfahrung; sie dienen sowohl in *Conversazione in Sicilia* als auch in *La Modification* zur Darstellung des Reifeprozesses der Protagonisten. Friedrich Wolfzettel konstatiert in Vittorinis Werk sogar eine Doppelfunktion des Mythischen, denn die Mythisierung dient der Entlarvung einer fal-

---

[84] Grant, Marian: „The Function of Myth in the Novels of Michel Butor", in: *Aumla* 32 (1969), S. 219.
[85] Vittorini, 1967, S. 68, Hervorhebung im Original.

schen Allgemeinheit und einer „Bewußtwerdung eines authentischen Allgemeinen im Medium des zwischen Mythos und Geschichte stehenden Protagonisten."[86]

Im Vergleich zu Silvestro wird Léon wesentlich stärker durch Mythen geleitet, die ihm helfen, seine verlorene Orientierung wiederzufinden. Dabei folgt Butor keinesfalls sklavisch den Traditionen der klassischen Mythologie, sondern bedient sich einiger Archetypen, die er auf seine Art und Weise ausgestaltet, so dass der Leser das Verhalten der Personen des Romans nachvollziehen kann.[87] Die mythologischen Stoffe erscheinen in *La Modification* stets in Léons Träumen. Zuerst greift Butor darin die Sage von Orpheus und Eurydike auf: „Vous vous êtes installé dans le fauteuil du salon [...] à écouter à la radio quelques extraits de l'Orfeo de Monteverdi [...]" (LM 82). Eurydike trat auf der Flucht vor dem zudringlichen Aristaios auf eine Schlange, deren Biss sie tötete. Orpheus folgte ihr in den Hades und zähmte den Höllenhund Cerberus durch seine Musik. Schließlich gab der Hades Eurydike frei. Aus Sehnsucht drehte sich Orpheus jedoch vor dem Erreichen der Oberwelt um und verlor deshalb seine Gemahlin für immer. Wie Orpheus versucht Léon alles, um Cécile in seiner Nähe zu haben. Sein Umherirren in Rom kann als Suche nach der Geliebten gedeutet werden. Die Idee, sie nach Paris mitzunehmen, entspricht dem Wunsch, sie aus der Hölle zu führen. Analog zur scheinbar schon erfolgten Rettung Eurydikes aus dem Hades zeichnet sich an dieser Stelle erneut die Gefahr für die Beziehung von Léon und Cécile ab. Seine Geliebte ist für ihn verloren, sobald sie gefunden wurde.[88]

4.1 Die Rezeption der „Aeneis" von Vergil in „La Modification"

Neben der Sage von Orpheus und Eurydike wird in *La Modification* der Abstieg in die Hölle aus dem sechsten Buch der *Aeneis* von Vergil thematisiert. Léon ist der Stoff der *Aeneis* nicht unbekannt, denn er besitzt selbst eine Ausgabe:

> [...] dans votre petite bibliothèque d'auteurs latins et italiens que vous vous êtes constituée depuis le début de votre liaison avec Cécile, vous avez choisi le premier tome de l'Enéide dans la collection Guillaume Budé et vous l'avez ouvert au début du sixième chant. (LM 82)

---

[86] Wolfzettel, Friedrich: „Funktionsweisen des Mythos im modernen italienischen Roman (1940-1960)", in: *Romanische Forschungen* 93 (1981), S. 112.
[87] Vgl. Grant, 1969, S. 215.
[88] Vgl. Jullien, 1994, S. 300.

Der Hinweis, dass es sich um eine Budé-Ausgabe handelt, darf nicht unberücksichtigt bleiben, da dies eine zweisprachige Edition ist. „Die lateinische und französische Seite einer Budé-Ausgabe entsprechend der Antithetik 'Paris – Rom' [...], so daß die beiden Weltstädte [...] ihr getrenntes Eigenleben *neben*einander führen [...]."[89] Dies verdeutlicht noch einmal die Unvereinbarkeit der beiden Städte.

Vergil beschreibt im sechsten Buch der *Aeneis*, wie Aeneas bei Cumae, dem heutigen Neapel, die Priesterin Sibylle in ihrer Grotte aufsucht. Die Seherin verkündet unter dem Einfluss Apollons Rätselsprüche und schreibt diese in den sibyllinischen Büchern nieder. Aeneas bittet sie, zu seinem toten Vater Anchises in die Unterwelt hinabsteigen zu dürfen. Sibylle verlangt von ihm dafür einen goldenen Zweig und Sühne für seinen toten Gefährten Misenus.

In *La Modification* wird das Zugabteil zur „grotte initiatique et Léon, tel Enée, 'rêve' la réalité de sa re-naissance spirituelle".[90] Der Protagonist ist auf der Suche nach sich selbst und seiner Zukunft wie Aeneas bei Sibylle und in der Hölle. Léon vergleicht sogar eine Italienerin im Zug mit der Sybille von Cumae (LM 171). Ferner können die Tunnel, die der Zug durchfährt, symbolisch als Grotte der Sibylle gedeutet werden (LM 68, 151, 155, 162, 168, 171, 231, 247, 250, 256).[91] In einem von Léons Träumen steigt eine nicht näher bezeichnete Person IL in eine Höhle hinab. Erst gegen Ende der Bahnfahrt wird sich der Protagonist bewusst, dass er selbst die Traumfigur ist. Durch den Wechsel von der zweiten zur dritten Person (VOUS → IL) schafft sich Léon eine gewisse Betrachtungsdistanz zum Held seines Traums, was ihm andere Wahrnehmungen seiner selbst ermöglicht.[92]

In der Grotte trifft Léon eine alte Frau, die in ein Buch schaut und ihm dann verkündet:

> [...] maintenant tu as le droit de te reposer un peu pour m'écouter, me poser ces questions que tu dois avoir si longuement, si minutieusement préparées parce qu'on ne s'embarque pas pour une telle équipée, si dangereuse, sans des raisons bien définies, bien mûries et bien réfléchies [...] (LM 215)

---

[89] Hübner, Wolfgang: „Vergils Aeneis in Michel Butors Roman ‚La Modification', in: *Würzburger Jahrbücher für die Altertumswissenschaft*, Neue Folge, 8 (1982), S. 173 f.
[90] Morcos, 1989, S. 86.
[91] Vgl. Deguise, Pierre: „Michel Butor et le ‚nouveau roman'", in: *The French Review* 35 (1961), S. 159.
[92] Vgl. Bambeck, 1980, S. 338.

Als er stumm bleibt, fragt sie ihn direkt: „Pourquoi ne me parles-tu pas ? T'imagines-tu que je ne sais pas que toi aussi tu vas à la recherche de ton père afin qu'il t'enseigne l'avenir de ta race ?" (LM 215). Schließlich bittet der Protagonist die Seherin, ihm zu helfen, den „guide bleu des égarés" zu verstehen:

> -Ne sont-ils [= les mots] pas là, sur ces feuilles du guide bleu des égarés ?
> -Hélas, ils n'y sont plus, Sibylle, et même s'ils y sont, je ne puis pas les lire. (LM 215)

Sibylle verweigert ihm im Gegensatz zu Aeneas den goldenen Zweig, da er seine eigenen Bedürfnisse nicht kennt. Außerdem zögert sie, ihm die Kuchen zu geben, mit denen es dem Trojaner gelang, Cerberus zu besänftigen und wieder aus der Unterwelt aufzusteigen, denn die Seherin zweifelt, dass Léon jemals wieder das Tageslicht erblicken wird. Das heißt, der Protagonist kann nur aus eigener Kraft zur Erkenntnis gelangen, wie er sich ändern muss. Dies verweist auf das Orakel der Pythia, nach dem Selbst(er)kenntnis die Quelle der Weisheit ist.[93]

Nach dem Gespräch mit Sibylle wird Léons Traum zunächst unterbrochen, da der Schaffner die Fahrkarten kontrolliert (LM 216 ff.). Danach fällt der Protagonist wieder in seinen Halbschlaf zurück. Er steigt in die Unterwelt hinab, bis er zu einem Fluss kommt: „Alors vient sur le fleuve boueux tourbillonnant une barque sans voile avec un vieillard debout armé d'une rame qu'il tient levée sur son épaule, comme prêt à frapper" (LM 220). Der alte Mann ist der Fährmann Charon, der die toten Seelen in einem Kahn ans andere Ufer des Acheron bringt.

Aeneas ist auch auf dessen Dienste angewiesen, um in das Innere des Hades vordringen zu können. Als er Charon bittet, ihn hinüberzufahren, lehnt dieser ab, da ein Lebender das Totenreich nicht betreten darf. Erst nach der Intervention Sibylles bringt er den Trojaner ans andere Ufer:

> Hier führt weiter der Weg zu des höllischen Acheron Wogen.
> Trübe von Schlamm und wüst hinwirbelnd siedet und braust der
> Strudel und speit all seinen Sand in des Klagestroms Fluten.
> Hier die Gewässer und Ströme bewacht als grausiger Fährmann
> Charon, strotzend von gräßlichem Schmutz; verwildert umwuchert
> grau und struppig der Bart sein Kinn; starr glühn seine Augen,
> schmutzig hängt von den Schultern herab am Knoten sein Umhang,
> selber stößt er das Floß mit der Stange, bedient es mit Segeln,
> fährt im eisenfarbigen Kahn die Toten hinüber,
> hoch schon bejahrt, doch grünt noch frisch dem Gotte das Alter.

---

[93] Vgl. Lydon, Mary: „Sibylline imagery in Butor's ‚La Modification'", in: *Modern Language Review* 2 (1992), S. 305.

[...]
Weiter gehen sie nun ihren Weg und nahen dem Flusse.
Gleich, als von stygischer Woge sie eben der Ferge erspähte,
[...]
griff er als erster mit Worten sie an und schalt obendrein noch:
„Wer du auch seist, der bewaffnet an unsere Ströme herangeht,
sage, wozu du kommst, schon jetzt und bleibe dort stehen.
Hier ist das Reich der Schatten, der schlaftrunkenen Nacht und des Schlummers;
Lebender Leiber zu fahren im stygischen Nachen, ist Frevel.
[...]
Diese wollten aus Plutos Gemach unsre Herrin entführen."
Darauf gab Apollos Prophetin kurz diese Antwort:
„Solcherlei Anschlag ist hier nicht geplant – darüber sei ruhig -
harmlos sind diese Waffen: der riesige Wächter mag ewig
bellend in seiner Grotte die blutlosen Schatten erschrecken;
und Proserpina hüte in Reinheit das Haus ihres Oheims.
Hier der Trojaner Aeneas, durch Sohnesliebe und Kriegsruhm
strahlend, steigt zum Vater hinab in der Unterwelt Dunkel.
Rührt dich der Anblick nicht so inniger Liebe des Sohnes,
hier diesen Zweig" – sie enthüllt den Zweig, den im Kleid sie geborgen –
„solltest du kennen!" Da sank ihm Zornes Woge im Herzen;
[...]
Alle die Seelen, die schon auf langen Bänken da saßen,
jagte er fort und räumte die Gänge, nahm dann im Kahne
auf den starken Aeneas; da ächzte der binsengenähte
Nachen unter der Last; sein Leck zog reichliches Wasser.
Endlich bringt er jenseits des Stroms Prophetin und Helden
heil an Land im widrigen Schlamm und schillernden Sumpfgras.
(*Aeneis* VI, 295-304, 384 f., 387-391, 397-407, 411-416) [94]

Die oben zitierte Beschreibung der äußeren Erscheinung Charons[95] findet sich in ähnlicher Form in *La Modification*: „Au-dessus de sa barbe raide toute violette

---

[94] Im Text wird nach folgender Ausgabe zitiert: Vergil: *Aeneis* (übersetzt von Johannes Götte), München: Heimeran, 1965.
[95] In der *Divina Commedia* wird Charon beziehungsweise diese Szene ähnlich beschrieben:
Ed ecco verso noi venir per nave
un vecchio, bianco per antico pelo,
gridando: « Guai a voi, anime prave!
Non isperate mai veder lo cielo:
i' vegno per menarvi a l'altra riva
ne le tenebre etterne, in caldo e 'n gelo.
E tu che se' costì, anima viva,
partiti da cotesti che son morti ».
Ma poi che vide ch'io non mi partiva,
disse: « Per altra via, per altri porti
verrai a piaggia, non qui, per passare:
più lieve legno convien che ti porti ».
E 'l duca a lui: « Caron, non ti crucciare:
vuolsi così là colà dove si puote
ciò che si vuole, e più non dimandare ».
Quinci fuor quete le lanose gote
al nocchier de la livida palude,
che 'ntorno a li occhi avea di fiamme rote.
(*Inferno* III, 82-99)

de reflets, il n'y a point d'yeux mais seulement deux cavités semblables à des brûleurs avec des flammes [...]" (LM 220). Der Fährmann bringt Léon nach Rom bis zur Porta Maggiore: „Tu désirais aller à Rome, [...] je t'y mène" (LM 220). Charon wendet sich überraschend freundlich an den Protagonisten und hat auch nichts dagegen, ihn ans andere Ufer des Flusses überzusetzen: „Qu'attendez-vous? M'entendez-vous? Qui êtes-vous? Je suis venu pour vous mener sur l'autre rive" (LM 220). Im Gegensatz zur *Aeneis* spricht der Fährmann in *La Modification* Léon wie einen Toten an: „Je vois bien que vous êtes mort [...]" (LM 220). Der Tod ist als Form des Vergessens zu betrachten.[96] Da der Repräsentant der Schreibmaschinenfirma nur ausgewählte Bruchstücke seiner Erinnerungen zulässt, positive Gedanken an Cécile und negative an Henriette, ist er im übertragenen Sinne tot.

Wie in der *Aeneis* wird in *La Modification* das Ufer des Flusses als schlammig dargestellt. Léon rutscht aus, aber Charon hebt ihn aus den „vagues boueuses" (LM 220) und setzt ihn in die Barke aus Metall, von der es bei Vergil heißt, dass sie „eisenfarbig" ist (*Aeneis* VI, 303). Die Stimme des Fährmanns klingt wie aus einem Bahnhofslautsprecher, was die Stilisierung der nächtlichen Zugfahrt von Paris nach Rom zur Unterweltfahrt hervorhebt.[97] Die akustisch oft schwer verständlichen Ansagen aus Bahnhofslautsprechern erinnern an die sibyllinischen Orakelsprüche (LM 47).

In der *Aeneis* trifft Aeneas nach der Überfahrt unter den toten Seelen Dido, die sich von ihm abwendet (*Aeneis* VI, 450-476). Im Leben war sie eine verwitwete karthagische Königin, die mit Aeneas ein Liebesabenteuer hatte. Dido beging Selbstmord, als er sie verließ, nachdem ihn Merkur zweimal an seine vorbestimmte Zukunft in Italien erinnert hatte. Aeneas fühlt sich für ihren Tod verantwortlich:

> Grund deines Todes – o Schmerz! – war i c h : beim Sternenlicht schwör ich,
> bei den Himmlischen und so wahr in den Tiefen ein Wort gilt:
> Wider Willen, o Königin, schied ich von deinem Gestade.
> (*Aeneis* VI, 458-460)

In dieser Studie wird nach folgender Ausgabe zitiert: Alighieri, Dante: *La Divina Commedia*, Milano: Mondadori, 2000.
[96] Vgl. Roudaut, 1964, S. 111.
[97] Vgl. Hübner, 1982, S. 177.

Verschiedene Literaturwissenschaftler sehen in Cécile eine zweite Dido.[98] Allerdings entbehrt diese Interpretation einer Grundlage, denn in *La Modification* wird kein Mord an Cécile thematisiert. Einzige sichere Gemeinsamkeit zwischen beiden Frauen ist ihre Witwenschaft.[99]

Am Ende der Reise durch die Unterwelt begegnet Aeneas seinem Vater, der ihm seine Nachkommen bis Augustus voraussagt (*Aeneis* VI, 788-800). Léon trifft stattdessen auf den Gott Janus, dessen Kopf von Raben, die die Stelle des Cerberus einnehmen, umgeben ist. Die Vögel halten Léon für tot (LM 224).[100] Schon zu Beginn der Fahrt sieht Léon beim Blick aus dem Fenster Raben, was die gedankliche Unterweltfahrt antizipiert. Janus ist der altrömische Gott der Tore, der mit Doppelgesicht, Schlüssel und Pförtnerstab dargestellt wird. Eines seiner Gesichter ist auf Léon, das andere auf Rom gerichtet. Janus' Ausruf „Tu ne pourras plus jamais revenir" (LM 225) deutet die Entscheidung des Protagonisten an, zu seiner Frau zurückzukehren. Der doppelgesichtige Gott vermittelt ihm die Erkenntnis, dass die Vergangenheit nicht zu wiederholen ist: „[...] he [= Léon] also learns that his sole opportunity for salvation lies in attempting to approximate the past through writing."[101]

4.2 Die Rezeption der „Divina Commedia" von Dante Alighieri

Als Jugendlicher kaufte sich Vittorini eine illustrierte Ausgabe der *Divina Commedia* und las daraus *Inferno* und *Purgatorio*.[102] Butor fand bei Verwandten eine Übersetzung von Dantes *Inferno*, die ihn sehr faszinierte.[103] Von daher liegt es nahe, in *Conversazione in Sicilia* und in *La Modification* die intertextuellen Bezüge zur *Divina Commedia* zu analysieren.

Der Dichter Dante Alighieri beschreibt den Zustand der Seelen nach dem Tod, wie sie – je nach Schuld und Verdienst – der göttlichen Gerechtigkeit unterliegen.

---

[98] Vgl. Grant, 1969, S. 219 und Jullien, 1994, S. 291, 300 ff.
[99] Vgl. Hübner, 1982, S. 179.
[100] In *Conversazione in Sicilia* kündigen die Raben die Nachricht vom Tod Liborios an (CS 697 f.).
[101] Strand, Dana: „The Role of Dreams in Michel Butor's *La Modification*", in: *Kentucky Romance Quarterly* 32 (1985), S. 99.
[102] Vgl. Crovi, 1998, S. 23, 37.
[103] Vgl. Butor, 1996, S. 24.

Dem Pilger Dante[104] wird die göttliche Gnade gewährt, schon zu seinen Lebzeiten durch das Jenseits wandern zu dürfen (*Purgatorio* XIV, 12-14; XVI, 40 f.; XXI, 19-24). Geführt von Vergil reist er durch die Hölle, die seinen Vorstellungen nach ein Trichter ist, der entstand, als Luzifer vom Himmel auf die Erde fiel. Die verdrängten Erdmassen türmen sich auf der anderen Seite der Erdkugel als Läuterungsberg. Der Eingang zur Hölle soll unter Jerusalem liegen, neun terrassenartig angelegte Höllenkreise führen in die Tiefe. Je schwerer ihre Vergehen, desto weiter unten müssen die Sünder büßen. Am Ende des Höllentrichters steckt Luzifer mit seinem Unterkörper im Eis fest. Er hat drei Gesichter und zermalmt in seinen drei Mäulern die schlimmsten Sünder der Menschheit: Brutus, Cassius und Judas (*Inferno* XXXIV, 61-67).

Nach dem Abstieg in die Hölle bewegt sich Dante mit Vergil auf dem Läuterungsberg nach oben. Das Fegefeuer ist auch in neun Bereiche gegliedert: das Antipurgatorium, dann folgen sieben Kreise, in denen die sieben Todsünden (Hochmut, Neid, Zorn, Trägheit, Geiz und Verschwendung, Völlerei sowie Wollust) abgebüßt werden müssen, am Ende befindet sich das irdische Paradies. Das sich daran anschließende himmlische Paradies setzt sich in Anlehnung an das ptolemäische Weltbild aus neun konzentrischen Kreisen zusammen (Mond-, Merkur-, Venus-, Sonnen-, Mars-, Jupiter-, Saturn-, Sternen- und Kristallhimmel).

Vergil hat vor Christus gelebt und ist deshalb nicht getauft, sodass er nicht in die Nähe Gottes kommen darf. Daher bringt er den Pilger nur bis zum irdischen Paradies (*Purgatorio* XXVII, 115-142). Dort erscheint Beatrice, die vom Dichter Dante zeitlebens verehrte Frau, die den Wanderer bis zur Himmelsrose weiterführt und danach an den heiligen Bernhard von Clairvaux übergibt (*Purgatorio* XXX, 1-39). Dieser erbittet bei der Jungfrau Maria für Dante die Gnade, Gott schauen zu dürfen, die ihm gewährt wird (*Paradiso* XXXI, 94-117 und XXXII, 139-151).

4.2.1 In „Conversazione in Sicilia"

Der reisende Dante befindet sich am Anfang der *Divina Commedia* in einer Krise. Er ist zu diesem Zeitpunkt circa 35 Jahre alt, was sich aus der Angabe ableiten

---

[104] Es ist zwischen Dante als Reisendem und als Autor der *Divina Commedia* zu unterscheiden. Im Folgenden ist mit Dante, soweit nicht anders angegeben, immer der Pilger gemeint.

lässt, dass er in der Mitte seines Lebens ist. Im Mittelalter glaubten die Menschen, dass die Lebenserwartung in Anlehnung an biblische Angaben etwa 70 Jahre beträgt.[105] Dante fürchtet das Verlassen des Weges der Tugend und die daraus resultierende Bestrafung der Sünden nach dem Tod in der Hölle. Innerlich befindet er sich in einem Zustand des bloßen Existierens, der im ersten Gesang des *Inferno* als „schläfrig" beschrieben wird:

> Nel mezzo del cammin di nostra vita
> mi ritrovai per una selva oscura,
> ché la diritta via era smarrita.
> Ahi quanto a dir qual era è cosa dura,
> esta selva selvaggia e aspra e forte
> che nel pensier rinova la paura!
> Tant'è amara che poco è più morte;
> ma per trattar del ben ch'i' vi trovai,
> dirò de l'altre cose ch'i' v'ho scorte.
> Io non so ben ridir com'i' v'entrai:
> tant'era pien di sonno a quel punto
> che la verace via abbandonai.
> (*Inferno* I, 1-12)

Plötzlich steht Dante einem Leoparden, einem Löwen und einer Wölfin gegenüber, die ihm den Weg versperren. Diese Tiere symbolisieren die Laster Wollust, Stolz und Habgier *(Inferno* I, 37-54). Der Pilger steht nun am Scheideweg: Er kann den bequemen Weg zur Sünde oder den beschwerlichen Weg zur Rettung seiner Seele wählen. In diesem Moment erscheint Vergil und schlägt ihm eine Reise durch das Jenseits vor, um zu erfahren, was mit der Seele nach dem Tod geschieht:

> « A te convien tenere altro vïaggio »,
> rispuose, poi che lagrimar mi vide,
> [...]
> E io a lui: « Poeta, io ti riecheggio
> per quello Dio che tu non conoscesti,
> acciò ch'io fugga questo male e peggio,
> che tu mi meni là dov'or dicesti,
> sì ch'io veggia la porta di san Pietro
> e color cui tu fai cotanto mesti ».
> Allor si mosse, e io li tenni dietro.
> (*Inferno* I, 91 f., 130-136)

Dante glaubt, nicht genügend Verdienste vorweisen zu können, um ins Jenseits zu dürfen. Er hält sich für unwürdig, da vor ihm schon Aeneas und Paulus dort waren. Aeneas erhielt dieses Privileg aufgrund seiner außergewöhnlichen Kräfte und, weil er aus der Familie der Gründer Roms – dem Sitz des Papstes und der Kirche –

---

[105] Vgl. Psalm 90_{10}.

stammte. Paulus sollte einige gute Seelen zum Heil führen, außerdem hat er den Griechen das Evangelium gebracht. Schließlich erklärt Vergil, dass er von Beatrice geschickt wurde, um Dante durch die Hölle zu begleiten (*Inferno* II, 10-35, 70-72).

In *Conversazione in Sicilia* befindet sich der dreißigjährige Silvestro vor seinem Aufbruch nach Sizilien in der gleichen schläfrigen Verfassung wie Dante: „[...] la vita in me come un sordo sogno [...]" (CS 571). Den äußeren Impuls zum Aufbruch, den Dante von Vergil erhält, bekommt Silvestro durch den Brief seines Vaters. Da es ihm nicht gelingt, sich vollständig an seine Kindheit zu erinnern, verzögert sich der Aufbruch nach Neve. Wido Hempel bezeichnet diese Stelle als retardierendes Moment, das sich auch in der *Divina Commedia* findet, als Dante darüber philosophiert, ob er genügend Verdienste vorweisen kann, um ins Jenseits vordringen zu dürfen.[106] Schließlich geht Silvestro zum Bahnhof, wo er die Anzeige „*Visitate la Sicilia*" und das die Massaker verherrlichende Plakat sieht. Wie Dante befindet er sich jetzt „davanti a due strade" (CS 574); er hat die Wahl zwischen dem Abfinden mit dem faschistischen Alltag oder der vagen Hoffnung auf eine andere, weniger trostlose Wirklichkeit.[107]

Silvestro entscheidet sich für die Reise und setzt von Kalabrien aus mit der Fähre nach Messina über. Das Meer beschreibt er als „nero" und „invernale" (CS 576). Dies ist eine Anspielung auf den dritten Gesang der *Divina Commedia*: „Così sen vanno su per l'onda bruna" (*Inferno* III, 118). Die Fährüberfahrt entspricht so dem Übersetzen der toten Seelen in Charons Barke über den Acheron, dessen Bedeutung schon im Zusammenhang mit der *Aeneis* erläutert wurde.

Die intertextuellen Bezüge zwischen *Conversazione in Sicilia* und der *Divina Commedia* werden während des Rundgangs zu den Kranken deutlicher. Der Aufbau des Dorfes ähnelt dem der Hölle Dantes: Neve liegt an einem Hang und Silvestro läuft mit seiner Mutter in Serpentinen hinab: „[...] svoltammo in una strada che correva sotto alla prima, in discesa" (CS 636). Später hört er das Rauschen eines Flusses: „[...] dal fondo del vallone saliva ora un fragore di torrente" (CS 638). Je weiter sie hinabsteigen, umso näher kommen sie dem Fluss: „[...] ormai

---

[106] Vgl. Hempel, 1983, S. 183.
[107] Vgl. Kuon, 1993, S. 144.

vicinissimi al fragore del torrente [...]" (CS 640). Dies ist eine Anspielung auf den Fluss Phlegeton, der den siebten vom achten Höllenkreis trennt:

> Già era in loco onde s'udia 'l rimbombo
> de l'acqua che cadea ne l'altro giro,
> simile a quel che l'arnie fanno rombo,
> [...]
> che 'l suon de l'acqua n'era sì vicino,
> che per parlar saremmo a pena uditi.
> (*Inferno* XVI, 1-3 + 92 f.)
>
> Io sentia già da la man destra il gorgo
> far sotto noi un orribile scroscio;
> (*Inferno* XVII, 118 f.)

Das Innere der Häuser der Kranken ist ebenfalls mit der Hölle vergleichbar: „Entrammo in un buio dove si soffocava" (CS 638). In den ersten Häusern sieht Silvestro nichts; er hört nur die Stimmen seiner Mutter, der Kranken und der Angehörigen. Als Concezione ein Streichholz anzündet, um die Injektion zu verabreichen, erblickt er in dem schwachen Lichtschein ihre Hände. Die ständige Wiederholung des Verbs „vidi" zeigt, dass Silvestro jetzt die Qualen der Kranken erkennt, die er vorher nicht wahrgenommen hatte. Erst in Leid und Schmerz enthüllt sich die wahre Menschlichkeit, weshalb er in den Kranken den Menschen schlechthin sieht: „Essa non divenne invisibile e io vidi la gente, vidi in loro tutta la gente che non avevo vista prima. [...] vidi in essi soltanto il genere umano ch'essi erano" (CS 641 f.). Er spürt in diesem Moment, dass nicht allein Kraft und Stärke den Menschen menschlicher machen: „[...] he [= the man] can be ‚più uomo' even in his misery, hunger, pain, weakness and also sickness and death."[108] Silvestro ist jetzt fähig, sich in die Sizilianer hineinzuversetzen, was er auf der Fährüberfahrt noch nicht konnte. Nur durch gleiche Erfahrungen kann er sich mit den Leidenden identifizieren.

> L'eroe scende agli Inferi, esperimenta la morte, magari mediante l'inghiottimento ad opera di animali favolosi; ed egli deve anche nutrirsi del cibo dei morti, bere la loro bevanda, per essere assimilato ad essi.[109]

Concezione kapituliert vor den Krankheiten ihrer Patienten. Sie kann mit den Injektionen nur die Symptome lindern, aber keine Heilung bringen. Wohl wissend, dass die Leute sehr arm sind, empfiehlt Silvestros Mutter ausreichend Nahrung

---

[108] Campana, 1980, S. 67.
[109] Bianconi Bernardi, 1966, S. 163.

zur Genesung. Sie ist völlig neutral gegenüber den Leiden ihrer Patienten. „Tutto è possibile" (CS 636) ist ihre lapidare Antwort auf die Frage, ob sich der Zustand des Kranken bessern werde. In diesem Punkt ähnelt sie Vergil, den die Qualen der Sünder in der Hölle auch nicht berühren. Er drängt Dante immer weiter, der wiederum nicht glauben kann, welchen Torturen die Seelen ausgesetzt sind:

> La molta gente e le diverse piaghe
> avean le luci mie sì inebriate,
> che de lo stare a piangere eran vaghe.
> Ma Virgilio mi disse: « Che pur guate?
> perché la vista tua pur si soffolge
> là giù tra l'ombre triste smozzicate?
> Tu non hai fatto sì a l'altre bolge:
> pensa, se tu annoverar le credi,
> che miglia ventidue la valle volge.
> E già la luna è sotto i nostri piedi:
> lo tempo è poco omai che n'è concesso,
> e altro è da veder che tu non vedi ».
> (*Inferno* XXIX, 1-12)

Vittorini äußert durch Concezione Kritik am damals herrschenden Regime, das Hunger und Malaria für inexistent erklärt und so die die Menschen, die daran leiden, erniedrigt und ohne Hilfeleistung ihrem Schicksal überlässt.

Während des Rundgangs durch die Hütten der Ärmsten entdeckt Silvestro, was Menschlichkeit ausmacht, und dass die Menschen wieder dahin zurückgeführt werden müssen. Die nicht endenden Massaker zeigen, dass die Fähigkeit des Menschen, seinen Nächsten zu verstehen, „sich nicht automatisch in soziales Handeln umsetzt, daß Menschsein nicht Menschlichkeit impliziert."[110]

> Non ogni uomo è uomo allora. Uno perseguita e uno è perseguitato; e genere umano non è tutto il genere umano, ma quello soltanto del perseguitato. Uccidete un uomo; egli sarà più uomo. E così è più uomo un malato, un affamato; è più genere umano dei morti di fame. (CS 646)

Es ist an dieser Stelle erneut darauf hinzuweisen, dass *Conversazione in Sicilia* zur Zeit des Faschismus geschrieben wurde. Diejenigen, die nicht die richtige Weltanschauung hatten, wurden erbarmungslos verfolgt. Sie haben sich jedoch im Gegensatz zu den Angepassten ihre Menschlichkeit bewahrt. Die Ausgegrenzten waren zum Zusammenhalt gezwungen, um überleben zu können. Nach dieser Erkenntnis stellt sich Silvestro die Frage, ob Kinder, die noch nicht durch irgendwelche ideologischen Systeme geformt wurden, am menschlichsten sind: „Un uo-

---

[110] Kuon, 1993, S. 152.

mo è più uomo quando è come un bambino? È umile, ammette la propria miseria e nella propria miseria grida. È più genere umano?" (CS 650). Kinder hinterfragen alles. Silvestro muss diese Fähigkeit wieder erlernen wie jeder einzelne in der damaligen Zeit. Italo Calvino spricht deshalb von *Conversazione in Sicilia* als „letteratura d'interrogazione".[111] Äußerlich zeigt sich der Erkenntnisgewinn des Protagonisten, indem er mit seiner Mutter wieder aufwärts und der Sonne entgegen geht: „Ora non si scendeva più lungo il monte di case, si risaliva per un altro fianco, dal fondo del vallone, si andava verso il sole [...]" (CS 649). Silvestro beginnt jetzt, die Bedeutung der Reise für sich zu erfassen und versteht, dass er sich wieder auf dem Weg zum Leben befindet. Der Rundgang durch das Dorf war sein persönlicher Abstieg in das Reich des Todes, aus dem er wieder aufersteht:

> Herr über Verdammnis und Erlösung ist nämlich der Mensch selbst. Die negative Wirklichkeit wird zur Hölle, wo Resignation und Passivität herrschen, sie wird zu einem nach oben, zum Paradies hin, offenen Purgatorium, wo ihre Überwindung energisch betrieben wird.[112]

Nicht nur der Rundgang durch das Dorf, sondern auch einige Figuren aus *Conversazione in Sicilia* sind von der *Divina Commedia* inspiriert. Der Gran Lombardo, den Silvestro im Zug trifft, erinnert an Bartolomeo della Scala, der Dante nach Aussage seines Ahnherrn Cacciaguida im Exil Zuflucht gewähren wird:[113]

> Lo primo tuo refugio e 'l primo ostello
> sarà la cortesia del gran Lombardo
> che 'n su la scala porta il santo uccello;
> (*Paradiso* XVII, 70-72)

Liborio, dessen Gebeine auf dem Schlachtfeld liegen, verweist auf König Manfred von Hohenstaufen, dessen sterbliche Überreste der Witterung ausgesetzt sind (*Purgatorio* III, 127-132). Dieser muss dreißigmal so lange im Antipurgatorium bleiben, wie er unter Kirchenbann gestanden hat. Die Lebenden können diese Zeit verkürzen, indem sie für ihn beten. Silvestros Bruder wartet ebenso auf seine Erlösung durch das Aufdecken der Heldenlügen durch die Lebenden.[114]

> Quand' i' mi fui umilmente disdetto
> d'averlo visto mai, el disse: « Or vedi »;
> e mostrommi una piaga a sommo 'l petto.
> Poi sorridendo disse: « Io son Manfredi,

---

[111] Calvino, Italo: „Viaggio, Dialogo, Utopia", in: *Il Ponte* 7 - 8 (1983), S. 905.
[112] Kuon, 1993, S.166.
[113] Vgl. ebd., S. 145.
[114] Vgl. ebd., S. 156.

> nepote di Costanza imperadrice;
> ond'io ti priego che, quando tu riedi,
> vadi a mia bella figlia, genitrice
> de l'onor di Cicilia e d'Aragona,
> e dichi 'l vero a lei, s'altro si dice.
> [...]
> Vero è che quale in contumacia more
> di Santa Chiesa, ancor ch'al fin si penta,
> star li convien da questa ripa in fore,
> per ognun tempo ch'elli è stato, trenta,
> in sua presunzïon, se tal decreto
> più corto per buon prieghi non diventa.
> Vedi oggimai se tu mi puoi far lieto,
> revelando a la mia buona Costanza
> come m'hai visto, e anco esto divieto;
> ché qui per quei di là molto s'avanza ».
> (*Purgatorio* III, 109-117, 136-145)

Interessant sind die Parallelen der Metaphorik des Lichts in der *Divina Commedia* und in *Conversazione in Sicilia*. Bei Dante ist es in der Hölle dunkel, im Paradies dagegen hell. Das Licht ist in diesem Fall gleichzeitig eine Metapher für Gott. Der reisende Dante beschreibt, wie er drei Lichtkreise erblickt, die Gott, Christus und den Heiligen Geist symbolisieren. Als Sterblichem ist es ihm jedoch nicht vergönnt, wirklich zu erfassen, was er sieht. Schließlich erhält er eine Erleuchtung, die ihm zur Erkenntnis verhilft:

> Ne la profonda e chiara sussistenza
> de l'alto lume parvermi tre giri
> di tre colori e d'una contenenza;
> e l'un da l'altro come iri da iri
> parea reflesso, e 'l terzo parea foco
> che quinci e quindi igualmente si spiri.
> Oh quanto è corto il dire e come fioco
> Al mio concetto! e questo, a quel ch'i'vidi,
> è tanto, che non basta a dicer 'poco'.
> O luce etterna che sola in te sidi,
> sola t'intendi, e da te intelletta
> e intendente te ami e arridi!
> (*Paradiso* XXXIII, 115-126)

Der Dunkelheit in der *Divina Commedia* entspricht in *Conversazione in Sicilia* der Regen. Es regnet die ganze Zeit, als sich Silvestro in Mailand aufhält. Erst während der Reise klart der Himmel auf: „[...] il cielo era chiaro, pulito dal vento, senza più pioggia, sebbene ancora senza sole [...]" (CS 585). Als der Protagonist in Neve ankommt, scheint die Sonne – symbolisch ist der Weg zur Erkenntnis frei.

Die *Divina Commedia* und *Conversazione in Sicilia* unterscheiden sich in ihrer zeitlichen Struktur. Der reisende Dante ist sieben Tage zur Osterzeit unterwegs.

Silvestro reist im Dezember zur Zeit der Unbefleckten Empfängnis im Advent. Beides symbolisiert etwas Neues beziehungsweise die Erwartung eines Neubeginns. Silvestros Reise dauert insgesamt sechs Tage. Er fährt am sechsten Dezember, einem Samstag, los. Unterwegs telegrafiert er seiner Frau, dass er am Donnerstag zurück sein wird (CS 574 f.). Aus den Datumsangaben lässt sich der Zeitraum der Reise Silvestros genau ableiten. Vittorini hat in seinem Roman wie Dante in der *Divina Commedia* nur die drei Tage und Nächte dauernde Hinreise beschrieben (CS 709). Die Rückreise bleibt im Dunkeln, da das Buch mit der Verabschiedung von der Mutter endet.

Dante Alighieri konzentriert sich in seinem Werk auf das Jenseits, wo die Menschen, den mittelalterlichen Vorstellungen entsprechend, ihre auf Erden begangenen Sünden büßen müssen. Danach ist die Seele geläutert und darf sich Gott nähern. Vittorini hingegen richtet seine Bemühungen auf das Diesseits: „Ziel der Läuterung ist das irdische, nicht das ewige Leben, das verantwortungsvolle Handeln in der diesseitigen Wirklichkeit, nicht die Anbetung Gottes im Jenseits."[115] Zur Zeit Silvestros muss erst wieder ein „Paradies auf Erden" geschaffen werden, das heißt, der Mensch ist für sein Leben selbst verantwortlich.

Ein weiterer Unterschied zwischen beiden Werken ist in bezug auf die Führerfiguren feststellbar. In der *Divina Commedia* ist genau vorherbestimmt, wer Dante auf welchem Abschnitt seiner Reise begleitet. Im Gegensatz dazu trifft Silvestro zufällig auf Menschen, die seine Wiedererweckung fördern. Der Gran Lombardo begleitet Silvestro nur während der Zugfahrt; die Mutter führt ihren Sohn während des Rundgangs durch das Dorf, danach löst er sich von ihr. Es bleibt ihm jedoch nur ein kurzer Moment allein, bis Calogero erscheint und ihn zu Ezechiele, Porfirio und Colombo mitnimmt. Schließlich verhilft ihm der Geist seines jüngeren Bruders auf dem Friedhof zur entscheidenden Erkenntnis, die er erst am Folgetag, als die Nachricht über seinen Tod eintrifft, begreift. Vor der Bronzestatue setzt Silvestro zu der Rede an, in der er aus eigener Kraft die Wahrheit verkündet. Dante hingegen darf nach seiner Läuterung Beatrice, die Verkörperung der Offenbarungsweisheit, schauen und schweigt in ihrer Anwesenheit (*Purgatorio* XXXIII, 19-33).

---

[115] Ebd., S. 160.

Der Pilger empfängt seine „parola suggellata" „von außen als über Beatrice vermittelte Offenbarung Gottes".[116]

Vittorini übernimmt nur einige Elemente aus der *Divina Commedia*, ohne den Anspruch zu erheben, diese nachahmen zu wollen. Deshalb kann auch nicht für jede Stelle aus *Conversazione in Sicilia* ein Analogon in der *Divina Commedia* gefunden werden. Annette Evans beispielsweise vergleicht Calogero, Ezechiele und Porfirio mit den drei Stufen der Buße, auf die im neunten Gesang des *Purgatorio* angespielt wird (*Purgatorio* IX, 94-105). Der Scherenschleifer symbolisiert ihrer Meinung nach die „contritio cordis", der Sattler die „confessio oris" und der Tuchhändler die „satisfactio operis".[117] Die drei Begriffe bedeuten in bezug auf die Buße: Reue des Herzens, mündliches Bekenntnis und Genugtuung, die der Priester bei der Absolution dem Beichtenden auferlegt, um die Sünden zu sühnen. Es ist jedoch unwahrscheinlich, dass Vittorini *Conversazione in Sicilia* in solch starken religiösen Dimensionen angelegt hat und eine Beziehung zwischen den drei Männern und den Beichtstufen herstellen wollte. Zudem ist in Evans' Auslegung nicht logisch nachvollziehbar, inwiefern die Männer die Beichtstufen symbolisieren. Das Beispiel Ezechieles genügt, um ihre These in Frage zu stellen, denn der Sattler schreibt nur das Leid der Welt auf. Er ist nicht in der Lage, sich im Gespräch an Silvestro zu wenden geschweige denn mündlich etwas zu bekennen.

Die Szene in der Taverne soll nach der Interpretation von Wido Hempel auf den vierten Gesang des *Inferno* anspielen, wo Dante von Vergil in den Kreis der antiken Dichter eingeführt wird (*Inferno* IV, 85-102).[118] Hempels Meinung nach wird Silvestro in die Gespräche Calogeros, Ezechieles und Porfirios genauso einbezogen wie Dante in die der Dichter. Dies ist ein zu vager Anhaltspunkt, um einen Bezug zur *Divina Commedia* herstellen zu können. Zwischen den Dichterfürsten des Altertums (Ovid, Homer, Horaz, Lucan) und den drei Männern besteht keine Gemeinsamkeit. Der Versuch, alle Stationen der Reise Silvestros mit der Dantes korrelieren zu wollen, ist zum Scheitern verurteilt.

---

[116] Ders., 1990, S. 224.
[117] Vgl. Evans, Annette: „Allusion as structure: Vittorini and Dante", in: *Symposium - A quarterly Journal in Foreign Literatures* 34 (1980), S. 23.
[118] Vgl. Hempel, 1983, S. 180.

4.2.2 In „La Modification"

In *La Modification* sind die intertextuellen Bezüge zur *Divina Commedia* nicht so ausgeprägt wie in *Conversazione in Sicilia*. Léon, dem als Mitglied der Dante-Gesellschaft (LM 53) der Text der *Divina Commedia* bekannt sein dürfte, befindet sich im Alter von 45 Jahren ebenfalls in einem Zustand innerer Starre. Modern ausgedrückt, hat er die „Midlife-crisis". Die ersten Anzeichen des Alters machen sich bemerkbar, als er seinen Koffer im Zug auf die Gepäckablage hebt:

> [...] vous sentez vos muscles et vos tendons se dessiner non seulement dans vos phalanges, dans votre paume, votre poignet et votre bras, mais dans votre épaule aussi, dans toute la moitié du dos et dans vos vertèbres depuis votre cou jusqu'aux reins. [...] c'est déjà l'âge qui cherche à vous convaincre de sa domination sur votre corps, et pourtant, vous venez seulement d'atteindre les quarante-cinq ans. (LM 7)

Léon glaubt Paris, seinem Ort ewiger Pein, durch die Romreise entfliehen zu können. Das erweist sich als Irrtum, denn der Zug wird zu einer Art Inferno, symbolisiert durch den zunehmenden Temperaturanstieg im Abteil (LM 20, 23, 25, 29). Die Zugfahrt wird für ihn nicht nur durch den mangelnden Komfort der dritten Klasse (LM 27) zur Hölle, sondern auch durch seine Alpträume in der Nacht: „[...] douze heures de supplice intérieur avant votre arrivé à Rome" (LM 159). Léon träumt unter anderem, dass die Hauptfigur seines gekauften Buches ein Mann ist, der sich bei Regen im Wald verirrt hat:

> [...] un homme en difficulté qui voudrait se sauver, qui fait un trajet et qui s'aperçoit que le chemin qu'il a pris ne mène pas là où il croyait, comme s'il était perdu dans un désert, ou une brousse, ou une forêt se refermant en quelque sorte derrière lui sans qu'il arrive même à retrouver quel est le chemin qui l'a conduit là, car les branches et les lianes masquent les traces de son passage, les herbes se sont redressés et le vent sur le sable a effacé les marques de ses pas. (LM 198)

Schließlich kommt jemand mit einer Lampe und öffnet das Buch, das jedoch unlesbar ist, da der Regen die Seiten auswäscht (LM 201 f.). Diese Stelle weist vom Inhalt her intertextuelle Bezüge zur *Divina Commedia* auf. In *La Modification* wird im Laufe der Handlung deutlich, dass Léon selbst die Hauptfigur des Buches ist, denn seine momentane Persönlichkeitskrise kann mit einem Verirren im Wald paraphrasiert werden. Um hinauszukommen, bleibt ihm nur die Veränderung seiner Person, was mit mentaler Anstrengung verbunden ist. Léon erhält nicht wie Dante einen äußeren Impuls, sondern entschließt sich aufgrund der Ereignisse an seinem Geburtstag zu dieser Reise:

> Une aide lui vient en effet de *quelqu'un* qui n'est autre que la représentation symbolique de ses pulsions. La question posée, *qui êtes-vous ?*, met le voyageur sur la voie et lui indique que le premier but qu'il doit donner à cette quête est de retrouver sa propre identité refoulée.[119]

Während der Fahrt malt sich Léon aus, wie der Zug in Rom einfährt: „[...] Roma Trastevere (et vous apercevrez quelques reflets dans l'eau noire du fleuve) [...]" (LM 32). Diese Stelle bezieht sich ebenfalls auf die bereits zitierte Stelle „Così sen vanno su per l'onda bruna;" (*Inferno* III, 118) aus der *Divina Commedia*. In seinem Traum kommt Léon nach der Überfahrt in Charons Barke zur Porta Maggiore, wo er den Gott Janus trifft, der ihm eine Wölfin als Führerin zur Seite stellt (LM 233). Sie säugte der Sage nach Romulus und Remus, die Nachkommen des Aeneas, weshalb sie Rom symbolisiert. Später wird aus der begleitenden Wölfin ein Pferd mit Reiter, worin der Grand Veneur aus dem Wald von Fontainebleau erkennbar ist. Rom und Paris überlagern sich also mythisch.[120] Die Verwandlung der Wölfin zum Pferd zeigt Léon die Möglichkeit der Rückkehr zu Henriette, denn der Grand Veneur ist eine Gestalt aus ihrer Kindheit.

Dante wird im Paradies von Béatrice geführt. Ihr entspricht in *La Modification* Cécile, die Léon mit Liebe zu seinem neuen Leben führt, denn dank ihr öffnete sich Rom für ihn: „[...] elle y est toujours votre introductrice, la porte de Rome [...]" (LM 239).[121] Cécile bleibt für Léon nicht so unerreichbar wie die früh verstorbene Beatrice für Dante. Er geht jedoch das Wagnis nicht ein, mit ihr zusammenzuziehen.

Die *Divina Commedia* und *La Modification* sind auf der Zahl drei aufgebaut.[122] Dantes Werk hat drei Teile: *Inferno*, *Purgatorio* und *Paradiso.* Während der erste Teil aufgrund des Einleitungsgesangs 34 Gesänge umfasst, sind die beiden ande-

---

[119] Morcos, 1989, S. 88.
[120] Vgl. Bambeck, 1980, S. 339 f.
[121] De Piaggi, Giorgio: *Saggio su 'La Modification' di Michel Butor*, Napoli: Edizioni Scientifiche Italiane, 1972, S. 159.
[122] Dante beschreibt seine Faszination für die Zahl drei in *Vita Nuova*, § 29:
„Lo numero del tre è la radice del nove, però che, sanza numero altro alcuno, per se medesimo fa nove, sì come vedemo manifestamente che tre via tre fa nove. Dunque se lo tre è fattore per se medesimo del nove, e lo fattore per se medesimo de li miracoli è tre, cioè Padre e Figlio e Spirito Santo, li quali sono tre e uno, questa donna fue accompagnata da questo numero del nove a dare ad intendere ch'ella era uno nove, cioè uno miracolo, la cui radice, cioè del miracolo, è solamente la mirabile Trinitate. Forse ancora per più sottile persona si vederebbe in ciò più sottile ragione; ma questa è quella ch'io ne veggio, e che più mi piace."
Zitiert nach Alighieri, Dante: *Vita Nuova*, Milano: Garzanti, 1993, S. 56.

ren Abschnitte aus jeweils dreiunddreißig Gesängen zusammengesetzt. Dante schuf für die *Divina Commedia* eine besondere Reimform: die Terzine. Immer drei Verse gehören zusammen, von denen sich jeweils der erste und dritte reimen. Der zweite Vers endet mit dem Wort, das im ersten und dritten Vers der folgenden Terzine im Reim wieder aufgenommen wird.

> Die Terzine gewinnt damit einen äußerst wirkungsvollen Effekt. Sie ist spürbar dynamisch, drängt unaufhaltsam weiter und weiter und macht – durch das jeweils neue Endwort der Mittelzeile – dauernd neugierig darauf, wie es weitergeht: die ideale Reimform für eine Wanderung.[123]

La Modification ist ebenfalls aus drei Teilen mit jeweils drei Kapiteln aufgebaut. Zudem kehrt in etlichen Details die magische Zahl wieder, zum Beispiel im Namen von Léons Auto „quinze [chevaux]" (LM 38). Er wohnt Hausnummer 15 an der Place du Panthéon, feiert am 15. November seinen 45. Geburtstag und sein Lieblingsrestaurant in Rom, wo er immer mit Cécile speist, heißt „Tre Scalini".[124]

Die im vorherigen Kapitel angesprochene Lichtmetaphorik Dantes wird auch von Butor übernommen. Wie in *Conversazione in Sicilia* entspricht in *La Modification* der Regen der Dunkelheit der Hölle. Paris erscheint immer regnerisch und dunkel, während es in Rom sonnig und hell ist: „[...] cet air splendide romain qui sera comme le printemps retrouvé après l'automne parisien [...]" (LM 43). Zwei der in Paris eingestiegenen Reisenden aus Léons Abteil tragen einen Regenmantel und haben einen Regenschirm im Gepäck (LM 11, 14), was das Bild der verregneten Stadt untermauert. Léons finale Erkenntnis wird wie die Silvestros und Dantes durch eine Lichtmetapher dargestellt: „[...] vous voyez cette lumière enfin apparaître dans votre esprit comme la sortie d'un tunnel [...]" (LM 247). Der während der Bahnfahrt stattfindende Erkenntnisprozess entspricht einer Reise zum Licht, das für sein neues Bewusstsein steht: „[...] vous quitterez la gare à l'aurore (le ciel est parfaitement pur, la lune a disparu, il va faire une merveilleuse journée d'automne) [...]" (LM 274). Léons Geliebte wird ebenfalls mit Licht in Verbindung gebracht: „Or ce n'est point la faute de Cécile si la lumière romaine qu'elle réfléchit et concentre s'éteint dès qu'elle se trouve à Paris [...]" (LM 279).

---

[123] Glunk, Fritz R.: *Dantes Göttliche Komödie*, München: Piper, ²2001, S. 27.
[124] Vgl. Valette, Bernard: *Etude sur Michel Butor « La Modification »*, Paris: Ellipses, 1999, S. 33.

Wie in der *Divina Commedia* wird auch in *La Modification* nur die Hinreise beschrieben, während die Rückreise nicht näher thematisiert wird: „[...] le ‚retour' trouvera son expression la plus forte dans l'ultimement vérifiable, ce qu'on appelle la vie."[125] Butors Roman ist also auf das Diesseits ausgerichtet. Léon muss sich sein künftiges irdisches Paradies selbst erschaffen. Er ist auch nicht zur Osterzeit nach Rom gefahren, sondern vom 15. bis 19. November 1955.

Zusammenfassend ist festzustellen, dass nur einige Details der Reise Léons auf die Dantes verweisen, Butor imitiert also nicht in *La Modification* die *Divina Commedia*. Auch hier würde der Versuch scheitern, beide Reisen korrelieren zu wollen.

4.2.3 Vergleichende Betrachtung

In *La Modification* sind die Anspielungen auf die *Divina Commedia* nicht so markant wie in *Conversazione in Sicilia*. Allen drei Werken gemeinsam ist, dass sich die Hauptperson vor Antritt der Reise in einer Krise befindet. Im weiteren Verlauf divergieren die Handlungen. Dante wandert zur Osterzeit in Begleitung von Vergil, Beatrice und dem heiligen Bernhard durch Hölle, Fegefeuer und Paradies. In *Conversazione in Sicilia* und in *La Modification* reisen die Protagonisten am Jahresende, außerdem sind diese Romane im Gegensatz zur *Divina Commedia* auf das Diesseits ausgerichtet. Silvestro besucht mit seiner Mutter, die nur in Ansätzen mit Vergil vergleichbar ist, die Kranken im Dorf, was zu einem symbolischen Abstieg in die Hölle wird. Für Léon mutiert die Zugfahrt zu seinem Inferno. Er erinnert sich, wie ihn Cécile, die kein Abbild Beatrices darstellt, durch Rom geführt hat. Ihre Liebe, aus der heraus sie Léon zu einem neuen Leben leiten will, ist die einzige Gemeinsamkeit zu der von Dante verehrten Frau.

Conversazione in Sicilia und *La Modification* spielen wie die *Divina Commedia* mit einer starken Lichtmetaphorik. Die Abfahrtsorte Mailand und Paris sind verregnet und dunkel, Neve und Rom hingegen sonnig und hell. Silvestro und Léon fahren aus dem Dunkel ihrer Ausgangssituation der Helligkeit eines neuen Bewusstseins entgegen.

---

[125] Charney, Hanna: „Quinze, place du Panthéon: La mythologie du ‚verifiable' chez Michel Butor", in: *Symposium* 19, 2 (1965), S. 129.

Butors Roman ähnelt nicht nur in der Lichtmetaphorik, sondern auch in der Zahlensymbolik der *Divina Commedia*, denn beide Werke sind auf der Zahl drei aufgebaut. In *Conversazione in Sicilia* hingegen ist keinerlei Zahlensymbolik feststellbar. Dafür verweisen Liborio und der Gran Lombardo auf die *Divina Commedia*.

Vittorini und Butor lehnen sich in ihren Werken an die *Divina Commedia* an, ohne dass ihre Protagonisten die Reise des Pilgers Dante kopieren.

4.3 Elemente der ägyptischen Mythologie in „La Modification"

In *La Modification* greift Butor auch Elemente der ägyptischen Mythologie auf. Das Land am Nil faszinierte ihn schon als Kind:

> Ensuite, cette civilisation me fascinait depuis mon enfance : les pyramides, la Vallée des Rois, les colosses de Memnon, tous ces rêves allaient enfin se concrétiser, des rêves qui avaient germé dans ma tête lorsque notre père nous emmenait visiter les salles égyptiennes du Louvre. Enfin, ce pays représentait pour moi la thébaïde, le royaume des ermites, une sorte de paradis de la médiation : j'en avais grand besoin, et grande envie.[126]

1950 arbeitete Butor mehrere Monate als Lehrer in Kairo. So ist es sehr wahrscheinlich, dass er sich umfassender mit der Kultur Ägyptens befasst hat.

Schon beim Lesen des Fahrplans stellt Léon fest: „[...] cette petite maison après le mot Modane, c'est le hiéroglyphe qui signifie douane [...]" (LM 30 f.). Ferner sieht er in Rom die Pyramide des Cestius (LM 110) und geht in Paris durch die „rue des Pyramides" (LM 63). Pyramiden stellen den Tod nicht als Ende, sondern als Neuanfang in einer anderen Welt dar, wie der folgende, in einer Pyramide gefundene Text verdeutlicht: „Du schläfst, damit du aufwachst – du stirbst, damit du lebst."[127] Außer den Pyramiden sieht Léon auch Obelisken, die ein Zeichen des Schaffens sind. Cécile hat in ihrem Zimmer ein Foto vom Obelisken auf der Place de la Concorde. Als sie nach Paris kommt, können sie diesen auf einer Autofahrt durch die Stadt von Ferne erblicken (LM 101, 122, 176). Während einer der vielen Romreisen spazieren Léon und Cécile von Obelisk zu Obelisk (LM 167), auch in Paris sieht er einen Obelisken auf einem Foto im Reisebüro Durieu (LM 73). Der Obelisk ist Ausdruck der ägyptischen Stein-Epiphanie und Sitz beziehungsweise

---

[126] Butor, 1996, S. 54.
[127] Clarus, Ingeborg: *Du stirbst, damit du lebst: Die Mythologie der Alten Ägypter in tiefenpsychologischer Sicht*, Fellbach-Oeffingen: Bonz, 1990, S. 121.

Träger göttlicher Macht. Die Spitze ist Sitz des Phönix, des Vogels des Lichts, in dem sich der Sonnengott manifestiert.[128] Dieser wandelt im Laufe des Tages seine Erscheinung: von der aufgehenden Morgensonne „Chepre" über die Tagsonne „Re" bis zu „Athum" am Abend. Nach ihrem Untergang im Westen tritt die Sonne in die Unterwelt ein, der Sonnengott Re verwandelt sich in den Totengott Osiris und durchfährt in einer Barke die zwölf Stunden der Nacht auf dem unterirdischen Nil, um am folgenden Morgen als „Chepre" wieder im Osten zum Himmel aufzusteigen. Bezeichnenderweise erinnert sich Léon an den Brunnen auf der Piazza Navona, dessen Statuen vier Flüsse symbolisieren, von denen einer der Nil ist (LM 59). Seine geträumte Fahrt in der Barke kann auch nach ägyptischer Mythologie als Totenreise gedeutet werden. Bei Tag fahren die Seelen der Verstorbenen mit dem Sonnengott am Himmel entlang, nachts steigen sie mit ihm in die Unterwelt hinab und beleben für kurze Zeit ihre zugehörige Mumie. Der Tod ist so eine reproduktive Phase. In der folgenden Nacht müssen die Seelen die Gefahren der Unterweltfahrt erneut überwinden. Nur diejenigen, die das Totengericht des Osiris bestanden haben, dürfen an diesem Kreislauf teilnehmen. Um zu Osiris zu gelangen, muss die Seele die im „Totenbuch" verzeichneten Namen der Wächter kennen, die die Pforten unterwegs öffnen.[129] Seda Chavdarian deutet das Buch, das Léon in der Hand hält, als Totenbuch.[130] Jean Roudaut fasst sogar sämtliche Romane Butors als Totenbücher auf:

> [...] il s'agit de donner à l'individu la sensation qu'il « meurt » pour « renaître » à une vie nouvelle. Or les romans de Butor ont pour objet de transformer le lecteur, de le sortir de la nuit qu'il habite ; ils décrivent tous une odyssée qui se termine au matin par la naissance d'un nouvel homme ; et ici, comme dans le *Livre des morts*, des mots de passe, des sceaux, des talismans sont donnés au voyageur pour qu'il obtienne le passage des « douaniers ».[131]

Der ständige Kreislauf der Neubelebung des Re und der Seelen der Toten ist für Léon richtungsweisend. Der Sonnengott schafft sich immer wieder neu, ohne aus diesem Kreislauf entrinnen zu können. Übertragen auf Léon heißt das, dass er nicht aus seinem alten Leben ausbrechen, aber beständig daran etwas ändern kann. Er muss also fortwährend an sich arbeiten. Léons persönlicher Schlüssel ist

---

[128] Vgl. Dondelinger, Edmund: *Der Obelisk. Ein Steinmal ägyptischer Weltanschauung*, Graz: Akademische Druck- und Verlagsanstalt, 1977, S. 11 ff.
[129] Vgl. Clarus, 1990, S. 112 ff.
[130] Vgl. Chavdarian, 1986, S. 5.
[131] Roudaut, 1964, S. 151.

die Korrektur seiner Wertmaßstäbe: Er muss in Henriette die Geliebte wiederentdecken.

Léon selbst deutet in einer Bemerkung an, dass sein neues Leben aus seinem alten entstehen kann: „[...] Isis et Horus remembrant leur Osiris [...]" (LM 167). Isis ist die Schwestergattin des Osiris, Horus der gemeinsame Sohn. Die Äußerung wird dahingehend interpretiert, dass er von seiner Familie geprägt ist und sich nicht aus den Familienbanden lösen kann.

Butor verarbeitet in *La Modification* nur einzelne Archetypen der ägyptischen Mythologie und beabsichtigt nicht, die im Totenbuch beschriebene Unterweltfahrt vollständig zu imitieren. Schon Léons Zugfahrt dauert länger als zwölf Stunden und weicht damit von der nächtlichen Barkenfahrt ab. Besonders hervorzuheben ist der Aspekt, dass die Ägypter den Tod als Schaffensphase betrachteten, aus der etwas Neues hervorgeht. So wird die Chance Léons impliziert, sein neues Leben aus seinem alten entstehen zu lassen.

5 Reise zum Ich und zum Buch

In *Conversazione in Sicilia* und in *La Modification* werden durch die Reise, die mehr als ein Ortswechsel ist, auch tiefere Dimensionen angesprochen. Die Fahrt führt beide Protagonisten nicht nur zu einem neuen geographischen Ziel, sondern auch zu einer Änderung ihres Selbstverständnisses und zur Wiederentdeckung der eigenen Persönlichkeit. Diese Genese wird retrospektivisch von Silvestro und Léon in den vorliegenden Romanen erzählt.

5.1 „Conversazione in Sicilia"

5.1.1 Silvestros Weg zu seiner neuen Persönlichkeit

In *Conversazione in Sicilia* wird der Protagonist in drei Initiationszyklen mit den Urmächten Leid, Tod und Sexualität konfrontiert, wodurch er seine verschüttete Identität wiedererlangt.[132] Silvestro rekonstruiert sein Ich mit Hilfe verdrängter Erinnerungen, das heißt, er ruft die Vergangenheit ins Gedächtnis zurück. Am Anfang des Romans ist er dazu noch nicht fähig, weshalb im Text ausschließlich das Verb „riconoscere" zu finden ist (CS 572 ff.). Erst als Silvestro das Haus seiner Mutter betritt, öffnet sich ihm die Erinnerung vollständig, und er verwendet nun das Verb „ricordare":

> E io riconobbi quella voce, dopo quindici anni que non la ricordavo, la stessa di quindici anni prima ora che ricordavo: era alta, chiara, e ricordai mia madre parlare nella mia infanzia da un'altra stanza. (CS 601)

Der Prozess der Identitätsfindung des Protagonisten widerspiegelt sich in der stufenweisen Enthüllung des Namens. Auf den ersten Seiten des Romans ist von einem anonymen Ich die Rede, im Brief des Vaters wird zum ersten Mal der Vorname genannt (LM 572 f.), Concezione begrüßt ihren Sohn: „Oh, è Silvestro [...]" (CS 601). Danach erwähnt Colombo in der Taverne indirekt den Familiennamen: „Non sapevate ch'è un figlio della Ferrauto?" (CS 682). Ansonsten bleibt der Protagonist in Gegenwart von Calogero, Ezechiele und Porfirio namenlos. Liborio wiederholt den Vornamen seines Bruders dann zum dritten Mal (CS 691). Die

---

[132] Vgl. Helmich, Werner: „Heimatbesuch als Katabasis. Ein Erzählmotiv bei Vittorini und Juan Goytisolo", in: *Romanistische Zeitschrift für Literaturgeschichte* 15 (1991), S. 128.

Identität Silvestros ist so hauptsächlich an Bezugspersonen aus seiner frühen Jugend gebunden. Wie in der Freudschen Psychoanalyse vollzieht sich seine Selbstfindung über eine Rückkehr in die Kindheit, die er noch einmal in Gedanken durchlebt:

> Hier [= in Sizilien] rekonstruiert sich Silvestro in der sukzessiven Aneignung von objektiver äußerer und subjektiver innerer Welt, von gegenwärtigen Eindrücken und verschütteten Erinnerungen, nach und nach die Tiefendimension seines ‚Ich', als Voraussetzung für den Übergang von der dumpfen entfremdeten Existenz unter dem Faschismus zum bewußten Leben, Denken und Handeln in Einklang mit sich selbst.[133]

Die zahlreichen Gespräche tragen zur Bewusstwerdung Silvestros bei. Daraus ergibt sich in *Conversazione in Sicilia* ein Wechsel zwischen der Reise als dynamischem und dem Dialog als statischem Element: „Avevo viaggiato, dalla mia quiete nella non speranza, ed ero in viaggio ancora, e il viaggio era anche conversazione, era presente, passato, memoria e fantasia, non vita per me, eppur movimento [...]" (CS 650).

Mit dem Weichen der Indifferenz Silvestros verschwindet auch das Wörterbuch der faschistischen Einheitssprache, das er vor der Reise durchblättert hat: „[...] mio unico libro che ormai fossi capace di leggere [...]" (CS 574). Silvestro hat gelernt, dass es durch die „parole suggellate" möglich ist, den offiziellen Diskurs zu unterlaufen und sich eine eigene Welt als Gegenpol zu der, über die man nicht sprechen kann, zu konstruieren: „[...] il mondo di cui non si può parlare è astratto e vuoto, quello ricostruito con la ‚conversazione' è concreto e denso di fatti, figure, avvenimenti, qualità."[134] Vittorinis Roman wird so zu einer Suche nach einem anderen linguistischen Register fernab der geltenden politisch beeinflussten Sprachnorm. Die neue Sprache ist eine poetische, deren Aufgabe der Autor wie folgt formuliert: „[...] [il] *compito proprio di un linguaggio poetico [...] è di conoscere e di lavorare per conoscere quanto, della verità, non si arriva a conoscere col linguaggio dei concetti.*"[135] Im Unterschied zu der Wörterbuchsprache ist die ande-

---

[133] Kuon, 1990, S. 212.
[134] Falaschi, Giovanni: "La Conversazione anarchica di Vittorini", in: *Belfagor* 4 (1972), S. 377.
[135] Vittorini, 1974a, S. 432, Hervorhebung im Original.

re Sprache „un linguaggio delle cose, e non imposto alle cose".[136] Das Gleiche gilt für den vom Gran Lombardo gesprochenen Dialekt:

> [...] il dialetto è la manifestazione linguistica della sua [= del Gran Lombardo] autenticità. L'autenticità della sua esistenza gli rende possibile l'intuizione della necessità delle nuove cognizioni e dei nuovi doveri, cioè di quella verità al di là dell'esistenza meccanica e perfino al di là dei dieci comandamenti e del codice morale degli uomini [...][137]

Silvestro muss selbst zu seiner authentischen Sprache gelangen, um seine „astratti furori", die von ihm intuitiv gespürte Wahrheit, in Worte fassen zu können. Er hat anfangs jedoch Schwierigkeiten, die neue Sprache zu verwenden, so dass er wiederholt in die faschistische Terminologie zurückfällt. Als seine Mutter intuitiv die Lüge vom Heldentod der Soldaten erkennt, zeigt sich der Protagonist zunächst zufrieden:

> Poi [la madre] disse: « Spero che non andrai soldato, almeno. » Allora seppi che lei aveva capito tutto. (CS 699)

Im weiteren Gespräch über seinen gefallenen Bruder verwendet er selbst wieder offizielle Sprachformeln: „Sarà stato un eroe. [...] Ed è morto per noi" (CS 699 f.), dann vergleicht er Concezione mit Cornelia, der Mutter der Gracchen, die den faschistischen Schulbüchern zufolge auf dem Schlachtfeld gestorben sein sollen (CS 702). Vor seiner Abfahrt macht Concezione ihren Sohn darauf aufmerksam, dass er einer faschistischen Lüge aufgesessen ist, denn in den alten Werken steht, dass die Gracchen sterben mussten, weil sie als Volkstribunen Landreformen zugunsten der landlosen Kleinbauern gefordert und damit die Interessen der Mächtigen verletzt hatten.[138] In den aktuellen Geschichtsbüchern werden diese historischen Ereignisse jedoch so dargestellt, dass sie dem herrschenden System nutzen, bis hin zur bewussten Fälschung historischer Fakten.

Der Name „Silvestro" kann als Ableitung von „silva" als Rückkehr zur Natürlichkeit und Ursprünglichkeit interpretiert werden.[139] Gleichzeitig wird auf den Silvesterabend verwiesen, der einen Neubeginn ankündigt, denn Silvestro steht an der Schwelle zu einer neuen, menschlicheren Zeit. Der Altjahresabend wiederum ist

---

[136] Pietropaolo, Domenico: „La fenomenologia del linguaggio in *Conversazione in Sicilia*", in: *Lingua e stile* 1 (1976), S. 80.
[137] Ebd., S. 78.
[138] Vgl. Bonsaver, Guido: *Elio Vittorini: The Writer and the Written*, Leeds: Northern Universities Press, 2000, S. 96.
[139] Vgl. Lentzen, 1985, S. 159.

nach dem Papst Silvester benannt, der den römischen Kaiser Konstantin zum Christentum bekehrt und so im römischen Kaiserreich eine neue Epoche eingeläutet hat. Martin Seidel überträgt die Beziehung dieser beiden historischen Figuren, die gegeneinander um die Macht kämpften, auf Silvestro und Costantino und schließt daraus, dass sie ein Konkurrenzverhältnis haben.[140] Im Roman lässt sich diese These nicht belegen, da der Protagonist versucht, Concezines negative Sicht auf ihren Mann zu relativieren:

> E io aggiunsi: « Non ti importa di esser sola ? ». Allora lei mi guardò col suo occhio strabico dei momenti di perplessità, poi corrugò la fronte, disse: « Se pensi che debba sentire la mancanza della compagnia di tuo padre t'inganni... Che pensi a fare queste cose? ». « Perché? » io dissi. « Non ti teneva buona compagnia? Immagino che ti aiutava a rigovernare anche. » E mia madre: « Questo non significa ch'io debba sentirmi sola senza di lui... ». E io: « Ma era un uomo gentile! ». (CS 624)

5.1.2 Vittorinis Romankonzept

Die Reise nach Sizilien verschafft Silvestro, der als Ich-Erzähler in die Romanhandlung integriert ist, den Stoff für sein Buch, dessen Entstehung nicht explizit erwähnt wird. Da das Ich ein Gegenüber voraussetzt, bleibt der Leser nicht passiv, sondern wird in die Handlung einbezogen:

> In conseguenza dell'impianto dialogico del romanzo, il lettore viene immediatamente ad essere coinvolto, diventa l'interlocutore diretto a cui l'io parlante si rivolge e non ricopre il ruolo di ascoltatore passivo dinanzi ad un nar[r]atore onnisciente, che interviene a commentare, ammonire, guidare le azioni dei personaggi.[141]

Conversazione in Sicilia soll sowohl aus Sicht des Autors als auch der Hauptfigur ein Akt des Widerstands sein. Damit wird Silvestro, nicht Ezechiele, zum zweiten Shakespeare, der das Unrecht der Welt verkünden soll und so Liborios Vermächtnis erfüllt.[142] Vittorini hat in seinem Werk das narrative Schema des Bildungsromans umgekehrt:

---

[140] Vgl. Seidel, Martin: „Kommunikation als Handlung: Metapoetische Strukturen und Aspekte in Vittorinis *Conversazione in Sicilia*", in: *Italienische Studien* 16 (1995), S. 154.
Seidel verweist auf die Konstantinische Schenkung, mit der Kaiser Konstantin die Macht über das weströmische Reich an Papst Sylvester übertragen haben soll. Diese Urkunde erwies sich als Fälschung.
[141] Coraggio, Maria Rosaria: „Il tempo del racconto in ‚Conversazione in Sicilia'", in: *Critica Letteraria* 7 (1979), S. 779.
[142] Vgl. Kuon, 1993, S. 162.

> [...] non dall'infanzia alla maturità, ma dalla maturità all'infanzia, non il progresso della conoscenza e del possesso delle cose e delle nozioni e del dominio della natura, ma il regresso verso la condizione d'innocenza e di inesperienza.[143]

Conversazione in Sicilia ist ein „[romanzo] sperimentalista e anti-narrativo"[144], der sich nur schwer klassifizieren lässt. Antonio Girardi bezeichnet die von Vittorini geschaffene Form als „romanzo-melodramma".[145] Im Vorwort zu *Il Garofano rosso* (1947) legt Vittorini sein Romankonzept dar, nach dem eine poetisch-musikalische Sprache im Roman das Äquivalent zur Musik der Oper sein soll:

> Ma l'opera in se stessa, con tutto questo di odierno da cui la vedevo e ascoltavo, mi fu d'occasione per rendermi conto che il melodramma ha la possibilità, negata al romanzo, di esprimere nel suo complesso qualche grande sentimento generale, di natura imprecisabile, e non proprio di pertinenza della vicenda, dei personaggi, degli affetti rilevati nei personaggi. È per via della musica? La musica è nel melodramma quello che qualcosa deve pur essere nel romanzo. Perché al romanzo dovrebbe mancare questo che il melodramma ha nella musica?[146]

Vittorini glaubte, mit den Mitteln der Musik die Wahrheit auch in Zeiten politischer Zensur öffentlich verkünden zu können.[147] *Conversazione in Sicilia* ist in einer sehr melodischen Sprache geschrieben, was aber beim leisen Lesen nicht wahrgenommen wird.[148] Der Autor nutzt bei der Textgestaltung rhythmische Wiederholungen von Wörtern und Wortgruppen, zum Beispiel „più uomo", „il genere umano perduto", „il mondo offeso". Trotz Bereicherung durch kreative Wortneuschöpfungen, zum Beispiel „non speranza" (CS 571), ist der Wortschatz von *Conversazione in Sicilia* sehr beschränkt, was zu zahlreichen Wiederholungen führt. Dennoch wirkt der Roman nicht monoton, denn er hat

> [...] uno stile modulato perfettamente nelle ripetizioni, nelle riprese, nelle anafore, nelle clausole è al servizio di una ripetuta rappresentazione di questo ora trepido, ora disperato, ora entusiasta, ora sconfortato tendere a rifare radicalmente tutta la storia partendo da quel grado zero della storia che è il primitivo stato di natura [...][149]

---

[143] Barberi Squarotti, 1978, S. 17.
[144] Fioravanti, Marco: „Preistoria ideologica di ‚Conversazione in Sicilia'", in: *Belfagor* 5 (1973), S. 592.
[145] Girardi, Antonio: *Nome e lagrime: linguaggio e ideologia di Elio Vittorini*, Napoli: Liguori, 1975, S. 32.
[146] Vittorini, 1974a, S. 434, Hervorhebung im Original.
[147] Vgl. ebd., S. 440.
[148] Ausführlichere Informationen zur Musikalität von *Conversazione in Sicilia* finden sich in: Girardi, 1975, S. 31 - 47.
[149] Barberi Squarotti, 1978, S. 21.

Das Buch, das die Wahrheit verkündet, wird für Vittorini zur Waffe.[150] Nach seiner Meinung wird eine Veränderung der bestehenden Verhältnisse nicht durch Nachahmung der Realität erreicht, sondern durch „[...] un' *utilizzazione* della realtà che possa rendere immediatamente, subito, e costituire subito, per le forze storiche, un'arma, uno strumento di trasformazione, o insomma una chiamata a trasformare [...]".[151]

Daran knüpft ein weiterer Punkt seines Romankonzepts an: „[...] *esprimere un massimo di reale* [...] *in ogni minimo di reale* [...]".[152] Der Autor konnte wegen der Zensur nur durch Anspielungen die konkreten sizilianischen Verhältnisse beschreiben: „*Mi veniva dalla situazione speciale in cui mi trovavo di dover dire senza dichiarare.*"[153] Trotz der zahlreichen Allusionen wie „quell'inverno" oder „puzza" ist der Roman konkret. Obwohl sich *Conversazione in Sicilia* historisch und geographisch exakt einordnen lässt, bleibt das Werk zeitlich und räumlich universal. Vittorini verdeutlicht dies durch den Nachsatz, mit dem er gleichzeitig den subversiven Inhalt des Romans abzuschwächen sucht:

> *Ad evitare equivoci o fraintendimenti avverto che, come il protagonista di questa Conversazione non è autobiografico, così la Sicilia che lo inquadra e accompagna è solo per avventura Sicilia; solo perché il nome Sicilia mi suona meglio del nome Persia o Venezuela. Del resto immagino che tutti i manoscritti vengano trovati in una bottiglia.* (CS 710, Hervorhebung im Original)

Vittorini schuf einen auf mehreren Ebenen angeordneten Text, der intellektuell verschiedene Lesertypen bedient. Der oberflächliche Leser wird den Roman nur als Reflexion des Sinns der menschlichen Existenz auffassen. Um die Anklage gegen den Faschismus zu verstehen, muss der Leser ebenso wie die Hauptfigur die Bedeutung des „Ehm!" aufdecken und für sich interpretieren. Erst nach dieser Erkenntnis gelangt er auf eine weitere Sinnebene und kann bis dahin nicht klar zuzuordnende Symbole entschlüsseln.[154]

---

[150] Vgl. Vittorini, 1974a, S. 429.
[151] Ders., 1967, S. 67, Hervorhebung im Original.
[152] Ders., 1974a, S. 435, Hervorhebung im Original.
[153] Ebd., Hervorhebung im Original.
[154] Vgl. Kuon, 1993, S. 171.

5.2 „La Modification"

5.2.1 Léons Weg zu seiner neuen Persönlichkeit

Léon findet seine verlorene Identität nicht durch Kommunikation, sondern durch Reflexionen seiner Traum- und Gedankenreisen, die großen Anteil an seiner Bewusstwerdung haben:

> [...] s'il n'y avait pas eu ces gens, s'il n'y avait pas eu ces objets et ces images auxquels se sont accrochées mes pensées de telle sorte qu'une machine mentale s'est constituée, faisant glisser l'une sur l'autre les régions de mon existence au cours de ce voyage différent des autres, détaché de la séquence habituelle de mes journées et de mes actes, me déchiquetant, s'il n'y avait pas eu cet ensemble de circonstances [...] mes illusions auraient-elles pu tenir encore quelque temps [...] (LM 276)

Seine letzte Vision kurz vor der Ankunft in Rom impliziert die Trennung von Cécile:

> « Je suis Vaticanus, dieu du cri des enfants.
> - Cunina, déesse de leurs berceaux.
> - Seia, du grain de blé semé en terre.
> - Des premières pousses.
> - Du nœud des tiges.
> - Des feuilles qui se déplient.
> - Du jeune épi.
> - De ses barbes.
> - De ses fleurs encore vertes.
> - De leur blancheur.
> - De l'épi mûr.
> - Les petits dieux minutieux de l'ancienne Italie, de la dissection de l'heure et de l'acte, des cendres de qui germa le droit romain.
> - Jugatinus, qui lie la main de l'homme à celle de la femme.
> - Domiducus, qui conduit la jeune épouse à sa nouvelle demeure.
> - Domitius, qui la maintient dans cette maison.
> - Manturna, qui la conserve à son époux.
> - Virginensis, qui dénoue sa ceinture.
> - Partunda.
> - Priapus.
> - Vénus. »
> (LM 269)

Die hier aufgezählten römischen Schutzgötter gliedern sich in zwei Gruppen. Am Anfang werden die Gottheiten der Kinderstube und des Ackerbaus genannt. Dann folgen als verbindendes Element die Figuren des römischen Rechts, ehe im zweiten Teil der Aufzählung die Schutzgötter der Ehe genannt werden.[155] Bezeichnenderweise beginnt die Enumeration mit Vatikanus, dem Gott des Kinderschreis, und endet mit Venus. „Der Eros, die Liebe zwischen Mann und Frau, das gehört also in

---

[155] Vgl. Bambeck, 1980, S. 342.

einen Lebens- und Kulturzusammenhang mit dem Kinde, der Eros nicht per se, sondern gebunden an Haus und gegenseitige Treue [...]".[156] Léons Scheidungsabsichten stehen so in Opposition zu den vier Göttern Jugatinus, Domiducus, Domitius, Manturna. Besonders signifikant ist, dass der Gott des Kinderschreis Vatikanus heißt, wie der Sitz des Papstes. Léon wird in diesem Traum in die Schranken einer vom Katholizismus bestimmten Gesellschaft gewiesen.

Nach Sigmund Freud steckt in jedem Traum ein Stück Wahrheit, denn trotz aller Maskierungen erkennen wir uns beziehungsweise unser Ich in den Traumbildern wieder.[157] In *La Modification* träumt Léon beispielsweise von einem Mann, der sich im Wald verirrt hat. Erst später wird ihm bewusst, dass er von sich selbst geträumt hat. Butor verwendet die Theorien von Sigmund Freund nicht zufällig, denn im Interview mit Michel Launay erzählt er, dass er sich in seiner Jugend mit den Schriften des Psychoanalytikers befasst hat: „[...] je le considère comme un grand écrivain. Son influence sur ce que j'ai écrit est immense."[158] Zwanzig Jahre früher schränkte Butor im Interview mit Frederic Aubyn noch ein, dass die in seinen Werken vorkommenden Träume nicht ausschließlich nach Freud gedeutet werden können:

> Une interprétation freudienne au sens strict, une interprétation psychanalytique au sens étroit du mot, est évidemment insuffisante. [...] Tout cela ne prend son sens que dans le sens d'une analyse historique, que dans les relations de tout cela avec l'histoire universelle.[159]

Carl Gustav Jung wiederum deutet Träume als „ein Stück *unwillkürlicher* psychischer Tätigkeit, das gerade soviel Bewußtsein hat, um im Wachzustand reproduzierbar zu sein".[160] Fügt das Individuum das Traummaterial dem Bewusstsein zu, erfährt es eine Horizonterweiterung und vertiefte Selbsterkenntnis, was auch auf Léon zutrifft. Jung formt außerdem den Begriff des „persönlich Unbewussten",

---

[156] Ebd., S. 343.
[157] Vgl. Freud, Sigmund: *Die Traumdeutung* (Studienausgabe Bd. 2, Hgg. Alexander Mitscherlich / Angela Richards / James Strachey), Frankfurt: Fischer, 2000, S. 89.
[158] Butor, Michel / Launay, Michel: *Résistances*, Paris: PUF écriture, 1983, S. 87.
[159] Aubyn, 1962/1963, S. 19.
[160] Jung, Carl Gustav: *Traum und Traumdeutung* (Bd. 4 der Taschenbuchausgabe auf Grundlage der Ausgabe *Gesammelte Werke*, Hg. Lorenz Jung), München: dtv, 1998, S. 134.

dessen Herkunft in der Biographie nachweisbar ist.[161] Bewusstwerdung ist demzufolge die Assimilation primär unbewusster Inhalte an das Ich.[162] Léon ist gehalten, sich Teile seiner Biographie wieder bewusst zu machen. So kann er beispielsweise nicht negieren, dass in Rom mit Henriette die gleichen Gefühle möglich sind wie mit Cécile, denn auf der Hochzeitsreise war er in seine Frau genauso verliebt wie heute in seine Geliebte. Léon muss die Erinnerungen daran nur zulassen: „[...] ouvrant ainsi la porte à tous ces souvenirs anciens que vous aviez si bien oubliés [...]" (LM 209). Die zweite Romreise sollte seine Frau und ihn wieder versöhnen. Henriette suchte mit dieser Fahrt, die an die Hochzeitsreise anknüpfen sollte, eine Verjüngung (LM 144). Ihre Erwartungen wurden enttäuscht, denn Léon musste arbeiten, sie erkrankte an Grippe und das schlechte Winterwetter ließ keine Urlaubsstimmung aufkommen. Außerdem hoffte Henriette, dass ihr Mann ihr „sein" Rom zeigt (LM 146). Da er damals auf ihre Fragen nur unzureichend antworten konnte, fühlte sie sich von seiner Rombegeisterung ausgeschlossen. Schließlich wollte Henriette um jeden Preis den Papst sehen. Obwohl Léon nicht einverstanden war, versuchte er nicht, sie davon abzuhalten. Als seine Frau wieder zurückkam, leuchteten ihre Augen vor einem gewissen Fanatismus (LM 148). Dies war das erste Anzeichen einer Kluft zwischen ihnen.

Nach Jungs Theorie droht Léon die häufig in der Lebensmitte auftretende Gefahr der neurotischen Dissoziation: „Entweder hat sich im Verlauf der ersten Lebenshälfte kein stabiles Ich aus dem Unbewußten differenziert und sich als Gegenüber etabliert, oder das Individuum hat sich in der Identifikation verhärtet."[163] Als Folge dissoziiert Bewusstes und Unbewusstes. Diese Spaltung wird erst überwunden, wenn sich die unbewussten Inhalte an das Ich binden, ohne das keine Selbsterfahrung stattfinden kann. In der zweiten Lebenshälfte erfolgt laut Jung die bewusste Auseinandersetzung mit dem Unbewussten und den Gegensätzen: „Je einseitiger dabei die Einstellung des Bewußtseins ist, je stärker die Verdrän-

---

[161] Vgl. Jung, Carl Gustav: *Die Beziehungen zwischen dem Ich und dem Unbewussten* (Bd. 1 der Taschenbuchausgabe auf Grundlage der Ausgabe *Gesammelte Werke*, Hg. Lorenz Jung), München: dtv, 1998, S. 19 f.
[162] Vgl. Bürgy, Martin Friedrich: *Vergleichende Studien zum Bewusstseinsbegriff in Philosophie und Tiefenpsychologie am Beispiel J.-P. Sartres und C. G. Jungs*, masch. Diss., Rheinisch-Westfälische Technische Hochschule Aachen, 1994, S. 43.
[163] Ebd., S. 45.

gung, desto einschneidender und oft gewaltsamer vollzieht sich die Begegnung mit dem Unbewußten."[164]

Die Entscheidung Léons, nach Rom zu fahren, bewirkt, dass er seine Identität hinterfragt. Aus der Bewertung persönlicher Erinnerungen und Zukunftsvisionen wächst ein neues Bewusstsein. Dieser Prozess kann mit den zum Wortfeld „Reise" gehörenden Verbpaaren „wegfahren/ankommen" und „suchen/finden" umschrieben werden. Der Protagonist erschafft sich durch seine „Gedankenreisen" eine neue Persönlichkeit und verkörpert so das humanistische Menschenbild, was durch seinen Vornamen unterstrichen wird, da dreizehn Päpste der Renaissance Leo hießen. Eine direktere Verbindung zu Leo X. wird durch die Vorliebe Léons für die Kunst Michelangelos sowie die Architektur Berninis und Borrominis hergestellt, die zur Zeit des oben genannten Papstes lebten.[165]

Das Motiv der Renaissance fasst Gamila Morcos wörtlich auf und vergleicht die neun Kapitel von *La Modification* mit der neun Monate dauernden Schwangerschaft: „[...] la fin du livre [...] est l'expulsion. *Vous quittez le compartiment.* C'est le début de l'autonomie, l'identité retrouvée, la re-naissance."[166] Ferner lässt sich aus Léons Namen das Anagramm „Noël" bilden, was mit „nativité" in Verbindung steht.[167] Am Ende der Reise ist Léon wiedergeboren. Der lange Weg zur eigenen Identität beginnt in Anonymität, dargestellt durch seine anfängliche „Gesichtslosigkeit", denn sein Passfoto im Reisepass ist völlig unkenntlich. Sein Aussehen wird auch nicht beschrieben, dafür aber alles, was ihn definiert, wie Alter, Bildung, soziale und ökonomische Lage. Der Protagonist ist sozusagen depersonalisiert: „Ce n'est pas l'homme que Butor peint directement, mais la manière dont l'homme se représente devant lui-même."[168] Léons Name wird erst nach und nach enthüllt. Zuerst erfährt der Leser nur die Initialen des Protagonisten auf seinem Koffer: „[...] votre propre valise [...] avec vos initiales frappées 'L. D.'[...]" (CM 10), später durch den Telefonanruf Henriettes den Nachnamen: „Je voudrais parler à monsieur

---

[164] Ebd., S. 44.
[165] Vgl. Waelti-Walters, Jennifer: *Michel Butor*, Paris: Gallimard, 1992, S. 22.
[166] Morcos, 1989, S. 92.
[167] Vgl. ebd.
[168] Puputti, Leena: „Le démonstratif - signe de la prise de conscience dans *La Modification* de Michel Butor", in : *Neuphilologische Mitteilungen* 67 (1966), S. 145.

Delmont" (LM 62). Erst im vierten Kapitel wird der komplette Name genannt: „Imaginez que vous êtes monsieur Léon Delmont [...]" (LM 115).

Der Protagonist hat in der Vergangenheit ein Bild von sich konstruiert, wie er gesehen werden möchte. Er flieht vor Henriette, die ihm seine innere Leere vorhält.[169] Auf dieser heimlich stattfindenden Reise muss Léon keine Maske aufsetzen und den braven Ehemann, lieben Familienvater oder erfolgreichen Geschäftsmann spielen: „[...] pendant ce voyage-ci vous désiriez pour une fois être vous-même en totalité [...]" (LM 197). Die Zugfahrt wird so zur Rückkehr „à votre nature authentique" (LM 208). Unter dem Zwang seiner gesellschaftlichen Position kann Léon jedoch keine komplette Metamorphose durchmachen und sein ganzes Leben ändern:

> Je continuerai par conséquent ce faux travail détériorant chez Scabelli à cause des enfants, à cause d'Henriette, à cause de moi, à vivre quinze place du Panthéon ; c'était une erreur de croire que je pourrais m'en échapper [...] (LM 274)

Die Erkenntnis, sich selbst und nicht die Umgebung verändern zu müssen, mündet in das Versprechen, mit Henriette ein drittes Mal nach Rom zu fahren:

> Vous dites: je te le promets, Henriette, dès que nous le pourrons, nous reviendrons ensemble à Rome, dès que les ondes de cette perturbation se seront calmées, dès que tu m'auras pardonné; nous ne serons pas si vieux. (LM 285)

Léon erfährt keine Transformation, sondern nur eine Modifikation (LM 203, 241). Somit entspricht der Titel des Romans dem, was in seinem Kopf vorgeht. Das Vorhaben, mit Cécile ein neues Leben zu beginnen, entgleitet ihm während der Fahrt zunehmend: „[...] cette décision [...] continue à se transformer sans que vous parveniez à freiner cette hideuse déliquescence [...]" (LM 208 f.). Er weiß, dass er sich eines Tages für eine der beiden Frauen hätte entscheiden müssen, allerdings hat er nicht damit gerechnet, dass der Moment schon so nah ist: „[...] il était grand temps de choisir entre ces deux femmes [...]" (LM 107). Das Doppelleben schien ihm durchaus zu gefallen, da er so keinen Entschluss fassen musste (LM 142 f.). Léon trennt sich von Cécile, ohne sie noch einmal in Rom zu sehen. Damit gibt er die seiner Meinung nach letzte Chance zur Verjüngung auf, wobei es nach den bisherigen Betrachtungen fraglich ist, ob es tatsächlich dazu gekommen wäre. Die Rückkehr in sein altes Leben beginnt schon kurz nach seiner Ankunft in

---

[169] Maréchal, 1994, S. 442 f.

Rom, denn Léon steigt im Hotel „Croce di Malta" (LM 268) ab, wo er damals mit Henriette übernachtet hat.

Den Prozess seiner Bewusstwerdung hält Léon in einem Buch fest: „[...] il me faut écrire un livre [...]" (LM 273 f.). Die Verschriftlichung soll helfen, das Erlebte dauerhaft zu bewahren: „Le livre est une défense contre l'oubli."[170] So wird die Fahrt nach Rom für Léon auch eine Reise zum Buch:

> [...] je suis à la recherche de ce livre que j'ai perdu parce que je savais même pas qu'il était en ma possession, parce que je n'avais pas même pris soin d'en déchiffrer le titre alors que c'était le seul bagage véritable que j'eusse emporté dans mon aventure. (LM 230)

Das mitgebrachte Buch dient dem Protagonisten nur als Platzhalter. Im Gegensatz zu den Mitreisenden, die sich in ihre Lektüre vertiefen, liest er überhaupt nicht, sondern blättert nur in seinem Fahrplan. Dies deutet an, dass er seine Identität noch nicht gefunden hat. Unter diesem Blickwinkel symbolisiert das Buch Léon und muss wie dieser noch entziffert werden. Weder der Protagonist noch der Leser kennen anfangs den Inhalt des Buches. Erst am Ende wird deutlich, dass es sowohl die Vergangenheit, die dem Leser gerade geschildert wurde, als auch die Zukunft enthält, denn Léon muss sein Buch noch schreiben. Die zyklische Struktur von *La Modification* untermauert diesen Aspekt. Da immer beim Verlassen des Abteils ein neues Kapitel beginnt, muss in der logischen Folge im noch nicht begonnenen Teil des Buches Léons neues altes Leben erscheinen. Nach Butors eigener Aussage scheitert der Protagonist jedoch in seiner Schriftstellertätigkeit: „Le livre auquel il rêve devra être écrit par quelqu'un d'autre. Au fond, Léon Delmont a échoué à deux niveaux : l'amour et la littérature."[171]

5.2.2 VOUS - Butors neue Erzählperspektive in „La Modification"

Nach Meinung Butors ist der innere Monolog zur Darstellung der Bewusstwerdung nicht geeignet: „C'est toute cette dynamique de la conscience et de la prise de conscience, de l'accession au langage, dont il est impossible de rendre compte."[172] Er bezeichnet den Inhalt des inneren Monologs als „conscience fermée" des Ich-Erzählers, der nur das wiedergibt, was ausschließlich er weiß: „La

---

[170] Roudaut, 1964, S. 116.
[171] Butor, 1996, S. 95.
[172] Ders., 1964, S. 65.

lecture se présente alors comme le rêve d'un 'viol', à quoi la réalité se refuserait constamment."[173] An diesem Punkt bringt der Autor in *La Modification* die zweite Person ins Spiel:

> Nous sommes dans une situation d'enseignement : [...] Il faut par conséquent que le personnage en question [...] ne puisse pas raconter sa propre histoire [...] C'est ainsi qu'un juge d'instruction ou un commissaire de police dans un interrogatoire rassemblera les différents éléments de l'histoire que l'acteur principal ou le témoin ne peut ou ne veut lui raconter et qu'il les organisera dans un récit à la seconde personne pour faire jaillir cette parole empêchée [...] Ainsi, chaque fois que l'on voudra décrire un véritable progrès de la conscience, la naissance même du langage ou d'un langage, c'est la seconde personne qui sera la plus efficace.[174]

Butor betrachtet die zweite Person als Zwischenform zwischen erster und dritter Person, die es ihm erlaubt, etwas „sprachlich Vorbewusstes" zu beschreiben, was er in einem Interview für den *Figaro Littéraire* ausführt:

> *Il me fallait un monologue intérieur en dessous du niveau du langage du personnage lui-même, dans une forme intermédiaire entre la première personne et la troisième. Ce vous me permet de décrire la situation du personnage et la façon dont le langage naît en lui.*[175]

La Modification wird so „un dialogue entre le *VOUS*, état de veille conscient, et le *IL*, état de rêve inconscient; l'union des deux en un *JE* autonome [...]."[176] Die von Butor verwendeten Personalpronomen lassen sich auch mit der Psychoanalyse von Sigmund Freud deuten: VOUS steht für das Über-Ich, das die Situation beherrscht, JE entspricht Léon und IL verkörpert alles, was er verdrängt hat.[177]

Durch den Gebrauch der zweiten Person entsteht in *La Modification* eine Dopplung der Erzählperspektive, denn VOUS wird nur verwendet, wenn ein Gegenüber existiert. Die angesprochene Person kann zum Beispiel der Leser sein. Butor wünscht sogar ausdrücklich, dass sich der Leser in die Handlung einbezogen fühlt und die Maske des Léon Delmont anlegen kann. Dank des VOUS ist es nach Meinung des Autors leichter, zwischen dem Bewusstsein des Protagonisten und dem des Lesers zu wechseln. Zudem zwingt das VOUS den Leser, aktiv zu sein, denn „[...] il devient à son tour un acteur à l'intérieur de l'histoire."[178] Der Leser nimmt so an der Bewusstwerdung Léons teil. Es geht nicht darum, sich mit der Psyche des

---

[173] Ebd.
[174] Ebd., S. 66 f.
[175] Guth, 1957, S. 4, Kursivdruck im Original.
[176] Morcos, 1989, S. 93.
[177] Struebig, 1994, S. 33.
[178] Butor, 1996, S. 92.

Protagonisten zu identifizieren, sondern sich dessen *„espace psychique"* vorzustellen beziehungsweise mit Hilfe seiner eigenen Vorstellungskraft zu erschaffen.[179]

Das VOUS kann den Leser aber auch verwirren, da sich ihm unaufhörlich die Frage stellt, wer eigentlich gemeint ist. Nach der Sprachlogik muss ein Gegenüber existieren, denn wenn Léon den Dialog mit sich selbst in der zweiten Person Plural führen würde, hätte er eine Tendenz zum Schizophrenen.[180]

Das nicht in Erscheinung tretende Gegenüber kann auch als Stimme des Gewissens, Inquisitor oder Zeuge interpretiert werden.[181] Dieser Gedanke verstärkt sich durch den Grand Veneur, der Unruhe und Suche symbolisiert.[182] In einigen Träumen stellt er die entscheidenden Fragen bei Léons Suche nach seinem Ich (LM 135, 204, 211). Später werden die gleichen Fragen von einem Reisenden gestellt, der aussieht wie Léon. Erst im Nachhinein wird deutlich, dass es sich bei dieser Figur um den Protagonisten handelt, der sich mit genau diesen Fragen auseinandersetzen muss:

« Qui êtes-vous ? Où allez-vous ? Que cherchez-vous ? Qui aimez-vous ? Que voulez-vous ? Qu'attendez-vous ? Que sentez-vous ? Me voyez-vous ? M'entendez-vous ? » (LM 254)

Durch dieses Spiel wird die Hauptperson leicht in den Hintergrund gedrängt: „[...] il personaggio tiene un nuovo ruolo secondario [...]."[183] Der Leser kann in Léon nur schwer einen klassischen Romanhelden sehen. Deshalb wird der Begriff „Held" in dieser Studie vermieden.

Der Protagonist muss sich in Bezug auf seine Lesegewohnheiten ändern wie der Leser, an den sich Butor wendet. *La Modification* ist mit traditionellen Kategorien (Subjekt, Objekt, Handlung, Poesie, Prosa) nicht fassbar, so dass ein aufmerksamer Lesertyp, der offen für Neues ist, angesprochen wird.[184] Der Roman wird von Butor als künstlerisches Experimentierfeld genutzt; er wollte den Roman

---

[179] Vgl. Fitch, Brian T.: „Roman mode d'emploi: *La Modification*", in: Calle-Gruber, Mireille (Hg.): *La création selon Michel Butor*, Paris: Nizet, 1991, S. 295 f.
[180] Vgl. Thiele, 1975, S. 120 f.
[181] Vgl. Dauer, Bernd: *Wirklichkeitsflucht und Entfremdung. Studien zur Erzählstruktur in den Romanen Alain Robbe-Grillets und Michel Butors*, Heidelberg: Winter, 1976, S. 183.
[182] Vgl. Deguise, 1961, S. 159.
[183] De Piaggi, 1972, S. 8.
[184] Vgl. Kuhn, 1994, S. 135.

seiner Zeit zu einer „espèce nouvelle de poésie à la fois épique et didactique" transformieren.[185] *La Modification* kann im weitesten Sinne als Bildungsroman betrachtet werden, dessen Gegenstand der modifizierte Reifeprozess der Hauptperson ist. Es erweckt den Anschein, als wolle Butor mit der Gattung Bildungsroman spielen.

5.3 Vergleichende Betrachtung

Die bisherigen Ausführungen zeigen, dass die Protagonisten in *Conversazione in Sicilia* und in *La Modification* schrittweise zu einem neuen Bewusstsein gelangen. Bei Silvestro dauert dieser Prozess länger als bei Léon, denn er ist erst nach dem Aufenthalt in Neve abgeschlossen. Am Ende hat der Schriftsetzer ein neues Ich herausgebildet und lässt sich nicht mehr von seinem Umfeld erdrücken wie vor der Reise. Ihm ist es gelungen, sich eine innere Welt fern der real existenten zu erschaffen: „[...] il mondo individuale della psiche costituisce l'alternativa unica alla realtà sociale con la quale non può avere relazioni [...]".[186] Silvestro hat sprachliche Mittel gefunden, die politischen Lügen zu entlarven und so zu widerstehen.

Im Vergleich dazu vollzieht sich Léons Bewusstwerdung schneller, sie ist mit der Ankunft in Rom abgeschlossen, das heißt, die Reifezeit entspricht genau der Fahrzeit des Zuges. Am Anfang möchte er seine Frau verlassen und mit seiner Geliebten ein neues Leben beginnen. Im Laufe seiner Reflexionen kommt Léon zu dem Schluss, dass das erhoffte unbeschwerte Leben auch bei Cécile nicht zu finden ist. Er wagt es nicht, aus allen Konventionen auszubrechen und sich scheiden zu lassen. So entsteht der Eindruck, als wolle Léon Auseinandersetzungen aus dem Weg gehen und nach Gründen suchen, sich nicht von Henriette trennen zu müssen. Sein Ausweg ist die Änderung seiner persönlichen Wertmaßstäbe, die Modifikation des Ich.

Beide Protagonisten halten den Prozess ihrer Bewusstwerdung in einem Buch fest, das der Leser in Händen hält. *Conversazione in Sicilia* und *La Modification* sind literarische Experimente, die den zeitlichen Umständen geschuldet sind. Vittorini konnte sich wegen der politischen Zensur nicht frei äußern, so dass er

---
[185] Butor, 1960, S. 11.
[186] Falaschi, 1972, S. 378.

eine mehrdeutige Sprache verwenden musste, um seine Anklage gegen den Faschismus mitteilen zu können. Butor hingegen schuf mit *La Modification* einen neuen Romantyp, der eine andere Gesellschaft ansprach. Seine neue Erzählperspektive aus der zweiten Person Plural ist herausragend, aber nicht bahnbrechend, denn sie wurde in seinen späteren Romanen nicht wieder verwendet. Das VOUS setzt genauso wie das „Io-narrante" aus *Conversazione in Sicilia* ein Gegenüber voraus, so dass der Leser in die Handlung mit einbezogen wird.

Die Experimentalität beider Romane fordert einen neuen Lesertyp mit anderen Lesegewohnheiten. In *Conversazione in Sicilia* muss der Leser die tiefere Textebene entschlüsseln können; in *La Modification* hat er sich mit einer sehr komplexen Struktur und einer neuen Erzählperspektive auseinanderzusetzen.

6 Schlussbetrachtung

Die bisherigen Ausführungen haben gezeigt, dass die Fahrten nach Neve beziehungsweise Rom nicht nur Ortsveränderung, sondern auch „Reisen zum Bewusstsein" sind. Zu Beginn der Romanhandlung befinden sich beide Protagonisten in einem Zustand innerer Leere, die bei Silvestro auf politische Umstände und bei Léon auf seine familiäre Situation zurückzuführen ist. Die Reise stellt einen Ausbruch aus den jeweils unbefriedigenden Verhältnissen dar.

Silvestro wird durch Mitreisende und Personen, mit denen er in Neve spricht, auf aktuelle politische, wirtschaftliche und soziale Probleme aufmerksam gemacht. Der Orangenhändler führt ihm die Misere der sizilianischen Bauern vor Augen; der Gran Lombardo demonstriert dem Protagonisten die mangelnde Redefreiheit und die Umgehung dieser Einschränkung; seine Mutter zeigt ihm auf dem gemeinsamen Rundgang das Leid der kranken Sizilianer und später die Geschichtsfälschung zugunsten des herrschenden Regimes; Liborio prangert die Sinnlosigkeit des Krieges und die Propagandalügen an. So erkennt der Protagonist langsam durch Anstöße von außen, was in seiner Umgebung nicht stimmt.

In den Gesprächen mit seiner Mutter durchlebt Silvestro noch einmal seine Kindheit und ruft sich so seine verdrängten Erinnerungen zurück. Im Ergebnis der gesamten Reise hat er ein neues Ich aufgebaut, das nicht mehr von der widrigen Wirklichkeit erdrückt wird, sondern sich persönliche Freiräume schafft, sich sprachlich gegen die politische Indoktrination zur Wehr setzt und die Lügen des Systems entlarvt. Besonders hervorzuheben ist, dass Silvestro am Ende in der Lage ist, seine eigenen Erkenntnisse an andere weiterzugeben und sich so wirksam für mehr Menschlichkeit einzusetzen.

Jeder muss lernen, mehr Mensch – „più uomo" – zu sein. In diesem Sinne sind Kinder und Leidende am menschlichsten in ihrer Schwäche und Unvollkommenheit. Einen ersten Impuls zu dieser Erkenntnis erhält Silvestro vom Gran Lombardo, der sich für die „altri doveri" einsetzt. Calogero, Ezechiele, Porfirio und Colombo zeigen ihm Möglichkeiten, was von jedem einzelnen für den „mondo offeso" getan werden kann beziehungsweise sollte. Silvestro sieht in der gewaltsamen

Revolution, dem Aufschreiben der „offese", dem lebensspendenden Wasser und dem Wein keine Lösung für sein Problem. Liborio zeigt ihm durch sein „Ehm!" so wie der Gran Lombardo vorher durch sein „puzza", dass es möglich ist, den offiziellen Diskurs zu unterlaufen. Trotzdem fällt es Silvestro schwer, die faschistische Terminologie abzulegen. Schließlich gelingt es ihm, seine Botschaft den Dorfbewohnern verschlüsselt, für die meisten aber verständlich, mitzuteilen. In innerer Zufriedenheit, das heißt mit sich selbst im Reinen, bricht er nach Mailand auf.

Im Gegensatz dazu ist sich Léon bewusst, dass er etwas ändern muss, wenn er sich aus seiner ihn einengenden häuslichen Situation befreien möchte. Er hofft, durch die Reise zu Cécile seine Lebensumstände ändern und seine Midlife-crisis überwinden zu können. In *La Modification* durchlebt Léon auf der Reise in seinen Träumen noch einmal die vergangenen zwanzig Jahre mit Henriette und die zwei Jahre mit Cécile. Er reist in Gedanken in das heidnisch-antike Rom, das ihm die Geliebte gezeigt hat, und in das christliche Rom, das er einst mit Henriette besucht hat. Zu diesem Zeitpunkt erscheint ihm die Zukunft mit der Geliebten paradiesisch. Die Gedankenreise ändert im Laufe der Handlung ihre Richtung, denn Léon reflektiert ein mögliches neues Leben mit Henriette nach der Trennung von Cécile. Daraus resultiert die Trennung von der Geliebten, die Beziehung endet dort, wo sie begonnen hat – im Zug. Léon geht das Wagnis, mit Cécile zusammenzuziehen, nicht ein, die bürgerliche Ordnung siegt am Ende. Die sich anfangs verzweigende Reise wird am Ende auf ein Gleis zurückgeführt, das Léon in die Zukunft bringt. Dabei bleibt offen, wie diese aussehen wird, da er einerseits seine ungeliebte Arbeit bei Scabelli fortsetzen wird, andererseits mit Henriette nach Rom fahren möchte, um ihre Ehe wiederzubeleben. Léon hat also seine innere Einstellung ihr gegenüber geändert, da er erkannt hat, dass es die von ihm gesuchte absolute Freiheit und ewige Jugendlichkeit nicht gibt. Der Protagonist macht nur eine Modifikation seines Ich durch, kommt also in seiner Entwicklung nicht so weit wie Silvestro, der als vollkommen andere Persönlichkeit zurückfährt. Lediglich auf der Zugfahrt war Léon einmal er selbst, danach passt er sich wieder den gesellschaftlichen Konventionen an und lebt weiter als braver Ehemann und lieber Familienvater. Seine Probleme werden nicht gelöst, sondern bleiben am Ende des Romans stehen. Seine Chance besteht in einer neuen Betrachtungsweise seines Umfeldes.

Zusammenfassend ist festzustellen, dass beide Protagonisten nur Fortschritte in der Zukunft machen können, weil sie ihre Identitiät aus Vergangengenem heraus wiederfanden.

Conversazione in Sicilia und *La Modification* weisen intertextuelle Bezüge zur *Divina Commedia* von Dante Alighieri auf, allerdings ist die Reise Silvestros und Léons keine Nachahmung der des Pilgers Dante. Vittorini und Butor greifen nur einzelne Elemente davon auf. Für Silvestro wird der Rundgang mit der Mutter zu seinem persönlichen Abstieg in die Hölle. Léon und Silvestro steigen in die Unterwelt hinab, die Rückkehr ans Tageslicht entspricht einer Wiedergeburt. In *La Modification* hingegen wird die gesamte Zugfahrt zur Unterweltreise stilisiert. Die intertextuellen Bezüge dieses Werkes stehen näher zur *Aeneis* von Vergil als zur *Divina Commedia*. Aeneas steigt zu seinem Vater in die Unterwelt hinab, um seine Zukunft zu erfahren. Léons Fahrt in das südlich gelegene Rom entspricht Orpheus' Abstieg in den Hades, um seine Geliebte zu holen. Beiden misslingt das Vorhaben. In *La Modification* werden darüber hinaus Elemente der ägyptischen Mythologie einbezogen, so dass Léons Reise auch als Unterweltfahrt in der Barke des Totengottes Osiris gedeutet werden kann. Hierbei ist vor allem das Prinzip, dass etwas Neues aus dem Tod geschaffen wird, von größerer Bedeutung, denn Léon war wie Silvestro vor der Reise im übertragenen Sinn tot.

Im Vergleich beider Romane ist festzustellen, dass Butor das Thema des Abstiegs in die Unterwelt auf vielfältigere Weise aufgreift als Vittorini. Er bezieht Mythen der griechischen, römischen und ägyptischen Kultur mit ein.

Beide Protagonisten verfassen nach ihrer Rückkehr ein Buch über ihre Genese, das der Leser in Händen hält. So hat er am Prozess ihrer Bewusstwerdung teil. In *La Modification* ist es offensichtlich, dass der Roman aus sich selbst heraus entsteht, da Léon direkt erwähnt, ein Buch schreiben zu wollen.

Conversazione in Sicilia und *La Modification* sind experimentell, Vittorini und Butor stellen mit diesen beiden Werken traditionelle Romankonzepte in Frage. Vittorini suchte nach neuen Ausdrucksmöglichkeiten, um eine Wahrheit, die zu seiner Zeit nicht genannt werden durfte, verkünden zu können. Er stützt sich auf eine poetisch-musikalische Sprache und schuf einen auf mehreren Ebenen angeordneten Text, da die Bedeutung der „parole suggellate", das Nichtgesagte, nur auf einer tieferen Sinnebene von einem aufmerksamen Leser entschlüsselt werden kann. Der Roman wurde so zur Waffe und zu einem Aufruf nach mehr Menschlichkeit. *Conversazione in Sicilia* schwankt zwischen zwei Zeitebenen (Gegenwart / Vergangenheit) und zwischen zwei Sinnebenen (Frage nach dem Wesen menschlicher Existenz / Anklage gegen die herrschenden politischen Missstände). *La Modification* ist im Vergleich dazu wesentlich komplexer, da die Handlung des Romans auf fünf Zeitebenen stattfindet, denn Léon denkt über die Vergangenheit mit der Geliebten beziehungsweise der Ehefrau nach, reflektiert die unmittelbare Vergangenheit vor Antritt der Fahrt und spekuliert über eine Zukunft mit jeder der Frauen, lediglich die Zugfahrt spielt in der Gegenwart. Durch die Erzählperspektive in der zweiten Person Plural wollte Butor etwas sprachlich Vorbewusstes beschreiben und den Leser stärker in den Bewusstwerdungsprozess des Protagonisten involvieren, da das VOUS immer ein Gegenüber verlangt. *La Modification* bietet keine fertigen Lösungen an, sondern zwingt den Leser zu Reflexionen über das Ende des Romans hinaus.

Conversazione in Sicilia und *La Modification* richten sich an Leser, die Literaturexperimenten gegenüber aufgeschlossen und bereit sind, ihre Lesegewohnheiten zu ändern.

In beiden Romanen finden mehrere imaginäre und reale Reisen parallel statt. Der Erkenntnisprozess kann so detaillierter dargestellt und besser nachvollzogen werden. Aus der Fahrt von Mailand nach Neve beziehungsweise von Rom nach Paris entwickelt sich so in beiden Werken ein Netz von Reisen, das am Ende in der nicht explizit erwähnten Rückfahrt als Reise in die Zukunft zusammengeführt wird.

Aufstellung der Reisen in den beiden verglichenen Romanen

Conversazione in Sicilia	*La Modification*
Mailand – Neve	Paris – Rom a) christliches Rom b) heidnisch – antikes Rom
Reise in die Kindheit	Reise in Erinnerung a) Vergangenheit mit Henriette b) Vergangenheit mit Cécile
Reise in die Unterwelt	Reisen in die Unterwelt a) wie Orpheus b) wie Aeneas c) wie Dante d) wie in der ägyptischen Mythologie
Reise in die Zukunft = Rückreise mit einem neuen Bewusstsein, die nicht beschrieben wird	Reise in die Zukunft a) erträumte Zukunft mit Cécile b) projizierte Zukunft mit Henriette
Reise zum Ich	Reise zum Ich
Reise zum Buch	Reise zum Buch

In *Conversazione in Sicilia* laufen gleichzeitig sechs, in *La Modification* zwölf Reisen ab. Die Differenz ist auf die höhere Zahl an Unterweltfahrten sowie der doppelten Gedankenreisen in die Vergangenheit und in die Zukunft mit beiden Frauen sowie der Entdeckung der beiden verschiedenen Gesichter Roms zurückzuführen. Während Léon offen über seine Zukunft nachdenkt und die Reflexionen mit einem Versprechen an Henriette beendet, schließt *Conversazione in Sicilia* mit der Verabschiedung Silvestros von seiner Mutter. Beide Protagonisten reisen mit einem neuen Bewusstsein ihres Ich zurück. Auch wenn die Rückreisen nicht beschrieben werden, kann aus dem Handlungsablauf der Romane auf Silvestros und Léons weiteres Verhalten geschlossen werden.

Literaturverzeichnis

1 Werke von Michel Butor

Butor, Michel: *La Modification*, Paris: Minuit, 1957.

Butor, Michel: *Répertoire I*, Paris: Minuit, 1960.

Butor, Michel: *Répertoire II*, Paris: Minuit, 1964.

Butor, Michel: *Répertoire III*, Paris: Minuit, 1968.

Butor, Michel: *Essais sur les Essais*, Paris: Gallimard, 1968.

Butor, Michel: *Curriculum vitae. Entretiens avec André Clavel*, Paris: Plon, 1996.

Butor, Michel / Launay, Michel: *Résistances*, Paris: PUF écriture, 1983.

2 Werke von Elio Vittorini

Vittorini, Elio: *Diario in pubblico*, Milano: Bompiani, 1957.

Vittorini, Elio: *Le due tensioni. Appunti per un' ideologia della letteratura* (Hg. Dante Isella), Milano: Il Saggiatore, 1967.

Vittorini, Elio: „Prefazione alla prima edizione del ‚Garofano rosso'", in: Corti, Maria (Hg.): *Le opere narrative*, Milano: Mondadori, 1974a, S. 423-450.

Vittorini, Elio: „Conversazione in Sicilia", in: Corti, Maria (Hg.): *Le opere narrative*, Milano: Mondadori, 1974b, S. 571-710.

3 Zum Vergleich herangezogene Werke

Alighieri, Dante: *Vita Nouva*, Milano: Garzanti, 1993.

Alighieri, Dante: *La Divina Commedia*, Milano: Mondadori, 2000.

Proust, Marcel: *A la recherche du temps perdu*, Bd. 1, Paris: Gallimard, 1987.

Vergil: *Aeneis* (übersetzt von Johannes Götte), München: Heimeran, 1965.

4 Forschungsliteratur

Aubyn, Frederic C. St.: „Michel Butor and Phenomenological Realism", in: *Studi Francesi* 6 (1962), S. 51-62.

Aubyn, Frederic C. St.: „Entretien avec Michel Butor", in: *The French Review* 36 (1962/1963), S. 12-22.

Bambeck, Manfred: „Der Rommythos in Butors Roman ‚La Modification'", in: *Germanisch-romanische Monatsschrift* 61 (1980), S. 336-349.

Barberi Squarotti, Giorgio: „Natura e storia nell'opera di Vittorini", in: Sipala, Mario/ Scuderi, Ermanno (Hgg.): *Elio Vittorini. Atti del convegno nazionale di studi* (Siracusa - Noto, 12-13 febbraio 1976), Catania: Greco, 1978, S. 15-46.

Bianconi Bernardi, Franca: „Parola e mito in Conversazione in Sicilia", in: *Lingua e stile* 2 (1966), S. 161-190.

Bilenchi, Romano: Vittorini a Firenze, in: *Il Ponte* 7-8 (1973), S. 1085-1131.

Bloch, Adèle: „Michel Butor and the Myth of Racial Supremacy", in: *Modern Fiction Studies* 16, 1 (1970), S.57-65.

Bödeker, Hans Erich / Bauerkämper, Arnd / Struck, Bernhard: „Einleitung: Reisen als kulturelle Praxis", in: Dies. (Hgg.): *Die Welt erfahren. Reisen als kulturelle Begegnung von 1780 bis heute*, Frankfurt: Campus, 2004, S. 9-30.

Bonsaver, Guido: *Elio Vittorini: The Writer and the Written*, Leeds: Northern Universities Press, 2000.

Brenner, Peter J.: „Der Mythos des Reisens. Idee und Wirklichkeit der europäischen Reisekultur in der Frühen Neuzeit", in: Maurer, Michael (Hg.): *Neue Impulse der Reiseforschung*, Berlin: Akademie Verlag, 1999, S. 13-61.

Bürgy, Martin Friedrich: *Vergleichende Studien zum Bewusstseinsbegriff in Philosophie und Tiefenpsychologie am Beispiel J.-P. Sartres und C. G. Jungs*, masch. Diss., Rheinisch-Westfälische Technische Hochschule Aachen, 1994.

Calvino, Italo: „Viaggio, Dialogo, Utopia", in: *Il Ponte* 7-8 (1983), S. 904-907.

Campailla, Sergio: „La scrittura in quarta dimensione", in: Sipala, Mario / Salibra, Elena (Hgg.): *Vittorini vent'anni dopo. Atti del Convegno internazionale di studi (Siracusa – 3/5 aprile 1986)*, Siracusa: Ediprint, 1988.

Campana, John: „Images of Regeneration in *Conversazione in Sicilia*", in: *Forum Italicum* 19, 1 (1980), S. 60-77.

Charbonnier, Georges: *Entretiens avec Michel Butor*, Paris: Gallimard, 1967.

Charney, Hanna: „Quinze, place du Panthéon: La mythologie du ‚verifiable' chez Michel Butor", in: *Symposium* 19, 2 (1965), S. 123-131.

Chavdarian, Seda A.: „Michel Butor's *La Modification*: The Revolution from Within", in: *International Fiction Review* 13, 2 (Winter 1986), S. 3-7.

Clarus, Ingeborg: *Du stirbst, damit du lebst: Die Mythologie der Alten Ägypter in tiefenpsychologischer Sicht*, Fellbach-Oeffingen: Bonz, 1990.

Coraggio, Maria Rosaria: „Il tempo del racconto in ‚Conversazione in Sicilia'", in: *Critica Letteraria* 7 (1979), S. 779-781.

Corbineau-Hoffmann, Angelika: *Marcel Proust: A la recherche du temps perdu*, Tübingen: Francke, 1993.

Crovi, Raffaele: *Il lungo viaggio di Vittorini. Una biografia critica*, Venezia: Marsilio, 1998.

Dauer, Bernd: *Wirklichkeitsflucht und Entfremdung. Studien zur Erzählstruktur in den Romanen Alain Robbe-Grillets und Michel Butors*, Heidelberg: Winter, 1976.

Deguise, Pierre: „Michel Butor et le ‚nouveau roman'", in: *The French Review* 35 (1961), S. 155-162.

De Piaggi, Giorgio: *Saggio su ‚La Modification' di Michel Butor*, Napoli: Edizioni Scientifiche Italiane, 1972.

Dondelinger, Edmund: *Der Obelisk. Ein Steinmal ägyptischer Weltanschauung*, Graz: Akademische Druck- und Verlagsanstalt, 1977.

Duffy, Jean H.: *Butor. La Modification*, London: Grant & Cutler, 1990.

Evans, Annette: „Allusion as structure: Vittorini and Dante", in: *Symposium - A quarterly Journal in Foreign Literatures* 34 (1980), S. 13-28.

Falaschi, Giovanni: „La Conversazione anarchica di Vittorini", in: *Belfagor* 4 (1972), S. 373-391.

Fauvel, Maryse: „La Modification de Butor: livre-musée en mutation", in: *Romance Notes* 36 (1995/1996), S. 181-189.

Fioravanti, Marco: „Preistoria ideologica di ‚Conversazione in Sicilia'", in: *Belfagor* 5 (1973), S. 592-610.

Fitch, Brian T.: „Roman mode d'emploi: La Modification", in: Calle-Gruber, Mireille (Hg.): *La création selon Michel Butor*, Paris: Nizet, 1991.

Freud, Sigmund: *Die Traumdeutung* (Studienausgabe Bd. 2, Hgg. Alexander Mitscherlich / Angela Richards / James Strachey), Frankfurt: Fischer, 2000.

Gesthuisen, Mechthild: *Elio Vittorini und sein literarisches Werk in der Zeit*, masch. Diss., Westfälische Wilhelms-Universität Münster, 1985.

Giesenhagen, Elisabeth: *Stadtvisionen in der französischen Erzählliteratur des 20. Jahrhunderts*, Frankfurt, Peter Lang, 2002.

Girardi, Antonio: *Nome e lagrime: linguaggio e ideologia di Elio Vittorini*, Napoli: Liguori, 1975.

Glunk, Fritz R.: *Dantes Göttliche Komödie*, München: Piper, ²2001.

Grant, Marian: „The Function of Myth in the Novels of Michel Butor", in: *Aumla* 32 (1969), S. 214-222.

Gronda, Giovanna (Hg.): *Per conoscere Vittorini*, Milano, 1979.

Guth, Paul: „1926-1957: ou Les Modifications de Michel Butor", in: *Le Figaro Littéraire* (Nr. 607 vom 07.12.1957), S. 1 und S. 4.

Hanne, Michael: „Significant Allusions in Vittorini's ‚Conversazione in Sicilia'", in: *Modern Language Review* 70 (1995), S. 75-83.

Helmich, Werner: „Heimatbesuch als Katabasis. Ein Erzählmotiv bei Vittorini und Juan Goytisolo", in: *Romanistische Zeitschrift für Literaturgeschichte* 15 (1991), S. 124-142.

Hempel, Wido: „Zur Nachwirkung der Divina Commedia in der Literatur des 20. Jahrhunderts", in: Hirdt, Willi / Klesczewski, Reinhard (Hgg.): *Italia viva. Studien zur Sprache und Literatur Italiens. Festschrift für Hans Ludwig Scheel,* Tübingen: Narr, 1983, S. 169-183.

Hübner, Wolfgang: „Vergils Aeneis in Michel Butors Roman ‚La Modification'", in: *Würzburger Jahrbücher für die Altertumswissenschaft*, Neue Folge, 8 (1982), S. 171-182.

Jullien, Dominique: „‚Rome n'est plus dans Rome': Mythe romain et intertexte chez Michel Butor", in: *The Romantic Review* 85 (1994), S. 291-312.

Jung, Carl Gustav: *Die Beziehungen zwischen dem Ich und dem Unbewussten* (Bd. 1 der Taschenbuchausgabe auf Grundlage der Ausgabe *Gesammelte Werke*, Hg. Lorenz Jung), München: dtv, 1998.

Jung, Carl Gustav: *Traum und Traumdeutung* (Bd. 4 der Taschenbuchausgabe auf Grundlage der Ausgabe *Gesammelte Werke*, Hg. Lorenz Jung), München: dtv, 1998.

Kolbert, Jack: „The Image of the City in Michel Butor's Texts", in: *Kentucky Romance Quarterly* 32 (1985), S. 13-22.

Kuhn, Barbara: *A la recherche du livre perdu. Der Roman auf der Suche nach sich selbst. Am Beispiel von Michel Butor: La Modification und Alain Robbe-Grillet: La Jalousie*, Bonn: Romanistischer Verlag, 1994.

Kuon, Peter: „‚Ehm! Perché Ehm?'. Kommunikationsstörungen und Sinnkonstitution in Vittorinis *Conversazione in Sicilia*", in: *Romanische Forschungen* 102, 2-3 (1990), S. 207-227.

Kuon, Peter: *Lo mio maestro e'l mio autore. Die produktive Rezeption der Divina Commedia in der Erzählliteratur der Moderne*, Frankfurt/M: Klostermann, 1993.

Lalande, Bernard: *La Modification. Butor, Analyse critique*, Paris: Hatier, 1972.

Lentzen, Manfred: *Der spanische Bürgerkrieg und die Dichter. Beispiele des politischen Engagements in der Literatur*, Heidelberg: Winter, 1985.

Lentzen, Manfred: „Elio Vittorini und der Spanische Bürgerkrieg. Bemerkungen zu einigen wiedergefundenen Texten", in: *Romanische Forschungen* 99 (1987), S. 206-210.

Lydon, Mary: „Sibylline imagery in Butor's ‚La Modification'", in: *Modern Language Review* 2 (1992), S. 300-308.

Maréchal, Dominique: *Virgile et Michel Butor. De l'épopée mythique au roman épique*, masch. Diss., Université de Haute Bretagne Rennes 2, 1994.

Marek, Heidi: „Das *Lagrange*-Fragment: Zur Proustrezeption in Elio Vittorinis Frühwerk", in: *Italienische Studien* 9 (1986), S. 51-74.

Marek, Heidi: *Elio Vittorini und die moderne europäische Erzählkunst (1926-1939)*, Heidelberg: Winter, 1990.

Morcos, Gamila: „La descente aux Enfers dans ‚La Modification' de Butor et ‚l'Enéide' de Virgile", in: *Dalhousie French Studies* 16 (Spring/Summer 1989), S. 84-98.

Nezri-Dufour, Sophie: „La fonction du train dans *Conversazione in Sicilia*", in: *Cahiers d'études romanes* 10 (2004), S. 97-108.

Panicali, Anna: *Il primo Vittorini*, Milano: Celuc Libri, 1974.

Pietropaolo, Domenico: „La fenomenologia del linguaggio in *Conversazione in Sicilia*", in: *Lingua e stile* 1 (1976), S. 75-90.

Potter, Joy Hambuechen: „An Ideological Substructure in *Conversazione in Sicilia*", in: *Italica* 1 (1975), S. 50-69.

Puputti, Leena: „Le démonstratif - signe de la prise de conscience dans *La Modification* de Michel Butor", in : *Neuphilologische Mitteilungen* 67 (1966), S. 144-155.

Reichel, Edward: „Der Revolutionär, der Fremde und der Heimkehrer. Protagonisten des neorealistischen Romans in Italien", in: *Italienisch. Zeitschrift für italienische Sprache und Literatur* 19 (1988), S. 2-17.

Ringger, Kurt: „Michel Butor", in: Lange, Wolf-Dieter (Hg.): *Französische Literatur des 20. Jahrhunderts. Gestalten und Tendenzen*, Bonn: Bouvier, 1986, S. 385-397.

Rossum-Guyon, Françoise van: *Critique du roman*, Paris: Gallimard, 1970.

Roudaut, Jean: *Michel Butor ou le livre futur*, Paris: Gallimard, 1964.

Sampietro, Luigi: „Appunti su Conversazione in Sicilia di Elio Vittorini", in: *Romances Notes* 19 (1979), S. 284-287.

Schlumbohm, Dieter: „Der italienische Neorealismus", in: *Romanische Forschungen* 80 (1968), S. 521-529.

Scuderi, Ermanno: „Impegno sociale e strutture stilistiche in ‚Conversazione in Sicilia'", in: Sipala, Mario / Scuderi, Ermanno (Hgg.): *Elio Vittorini. Atti del convegno nazionale di studi (Siracusa-Noto, 12 - 13 febbraio 1976)*, Catania: Greco, 1978, S. 73-77.

Seidel, Martin: „Kommunikation als Handlung: Metapoetische Strukturen und Aspekte in Vittorinis *Conversazione in Sicilia*", in: *Italienische Studien* 16 (1995), S. 149-175.

Shapiro, Marianne: „The *Gran Lombardo:* Vittorini and Dante", in: *Italica* 52 (1975), S. 70-77.

Strand, Dana: „The role of dreams in Michel Butor's *La Modification*", in: *Kentucky Romance Quarterly* 32 (1985), S. 91-100.

Struebig, Patricia: *La Structure mythique de La Modification de Michel Butor*, New York: Peter Lang, 1994.

Thiele, Gisela: *Die Romane Michel Butors*, Heidelberg: Winter, 1975.

Usher, J.: „Time and (E)motion in Vittorini's *Conversazione in Sicilia*", in: *Italian Studies* 44 (1989), S. 77-85.

Valette, Bernard: *Etude sur Michel Butor « La Modification »*, Paris: Ellipses, 1999.

Waelti-Walters, Jennifer: *Michel Butor*, Paris: Gallimard, 1992.

Weichmann, Manfred: *Italienische Literatur im ersten Jahrzehnt des Faschismus: „Stracittà" und „Strapaese"*, Weiden: Schuch, 1991.

Wilson, Clotilde: „*La Modification* or Variations on a Theme by Mme de Staël", in: *The Romantic Review* 55 (1964), S. 278-282.

Wolfzettel, Friedrich: „Funktionsweisen des Mythos im modernen italienischen Roman (1940-1960)", in: *Romanische Forschungen* 93 (1981), S. 103-121.

Zanobini, Falco: *Elio Vittorini. Introduzione e guida allo studio dell'opera vittoriana, Storia e Antologia della critica*, Firenze: Le Monnier, 1980.